O coração da transformação social

MARSHALL ROSENBERG

O coração da transformação social

COMO FAZER A DIFERENÇA NO SEU MUNDO

TRADUÇÃO
Ana Sofia Schmidt de Oliveira

Título original: *The Heart of Social Change*
Copyright © 2005 Marshall B. Rosenberg, Ph. D.

Grafia segundo o Acordo Ortográfico da Língua Portuguesa de 1990,
que entrou em vigor no Brasil em 2009.

Coordenação editorial: Lia Diskin
Revisão técnica: Silvio de Melo Barros
Revisão de texto: Tônia Van Acker, Lucia Benfatti e Rejane Moura
Revisão de provas: Rejane Moura
Capa, Projeto gráfico, Produção e Diagramação: Jonas Gonçalves

Dados Internacionais de Catalogação na Publicação (CIP)
(Câmara Brasileira do Livro, SP, Brasil)

Rosenberg, Marshall
  O coração da transformação social : como fazer a diferença no seu mundo / Marshall Rosenberg ; tradução Ana Sofia Schmidt de Oliveira. - 1. ed. - São Paulo : Palas Athena Editora, 2020.

  Título original: The Heart of Social Change
  ISBN 978-65-86864-09-0

  1. Comportamento (Psicologia) 2. Comunicação interpessoal 3. Motivação 4. Psicologia - Aspectos sociais 5. Relações humanas 6. Transformação I. Título.

20-41664 CDD-150

Índices para catálogo sistemático:
1. Transformação social : Psicologia 150
Maria Alice Ferreira - Bibliotecária - CRB-8/7964

1ª edição, outubro de 2020

Todos os direitos reservados e protegidos pela Lei 9610 de 19 de fevereiro de 1998.
É proibida a reprodução total ou parcial, por quaisquer meios,
sem a autorização prévia, por escrito, da Editora.
Direitos adquiridos para a língua portuguesa por Palas Athena Editora.

Alameda Lorena, 355 – Jardim Paulista
01424-001 – São Paulo, SP – Brasil
Fone (11) 3050-6188
www.palasathena.org.br
editora@palasathena.org.br

Sumário

9 **Introdução**
   O esforço pela mudança dos sistemas 9

13 **A mudança de paradigma dentro de nós mesmos**
   A motivação de enriquecer a vida 13
   Sobre as necessidades 14
   As bases espirituais da transformação social 15

19 **Compartilhando o paradigma com os demais e a transformação estrutural**
   Sobre a qualidade da conexão 19
   As quatro dimensões-chave da transformação social .. 20
   O conceito de gangues e as estruturas dominantes...... 22
   Educação e desenvolvimento humano 25
   O uso do poder 26
   Sobre a autoridade 27

33 **Educando a si próprio e aos outros para a transformação**
   Investindo em objetivos radicais 33
   Traduzindo CNV em conexões 35

    Representando papéis: diálogo com o "líder da gangue" nº 1 37

    Vá ao coração daquilo que está vivo nos outros 44

    Traduzindo imagens de inimigos 45

    Prática, prática, prática 47

    Reuniões produtivas para a transformação social 50

    Representando papéis: diálogo com o "líder da gangue" nº 2 51

    Representando papéis: diálogo com o "líder da gangue" nº 3 55

61 Conclusão

    Leituras recomendadas 62

63 Apêndice

    Os quatro componentes da CNV 63

    Lista de alguns sentimentos universais 64

    Lista de algumas necessidades universais 64

    Sobre a Comunicação Não Violenta 65

    Sobre o Center for Nonviolent Communication 67

    Sobre o autor 69

Introdução

Este livro contém trechos de uma oficina conduzida por Marshall Rosenberg em San Diego em maio de 2000, e serve como iniciação à sua sabedoria no tocante às transformações sociais eficazes. Através de reflexões e exercícios de encenação, ele reconduz o nosso foco às questões básicas: O que está na raiz de cada um dos problemas sociais? De que precisamos para gerar transformação?

A transformação social "começa comigo" – desde a maneira como me comunico até a intenção que coloco em cada interação, bem como as estruturas sociais que apoio, Marshall mostra como a Comunicação Não Violenta pode criar dentro de cada um de nós uma cultura de paz que ajudará a produzir uma transformação social duradoura. Nas encenações, as referências serão: Participante Homem, Participante Mulher e Marshall. Todas as demais manifestações não identificadas são de Marshall. As conversas começam a partir de perguntas de um dos participantes da oficina.

O ESFORÇO PELA MUDANÇA DOS SISTEMAS

Participante Homem: Estou curioso sobre o que podemos fazer para transformar a fonte dos problemas sociais, em vez de apenas lidar com seus sintomas. Como podemos chegar à raiz de tudo isso? O que podemos fazer para mudar o que aconteceu há oito mil anos, ou talvez repetir tudo isso de uma maneira compassiva, a fim de conseguir mudar nos próximos oito mil anos?

Marshall: De início, gostaria de partilhar a estratégia que eu mesmo procuro seguir – a melhor que encontrei até agora. É a seguinte: mudar o paradigma dentro de mim mesmo, de modo que eu consiga me libertar da forma como fui programado a pensar e agir, e entrar em harmonia com o modo que escolhi viver – e esse modo de vida reflete a história que mais ressoa no meu coração. Em outras palavras, busco criar dentro de mim o mundo que escolhi. A paz começa comigo.

Em seguida, gostaria de dizer que realmente gosto desse paradigma que escolhi. Descobri que não é uma novidade. Ouvi de povos indígenas com os quais trabalhei na Colúmbia Britânica que eles gostaram do que eu lhes apresentei. "Marshall, isso é exatamente o que nossos anciãos nos ensinaram." Ouvi de palestinos com quem trabalhei que aquilo que, para mim, parece um novo paradigma, nada mais é do que o Islã. Aquilo que eu elaborei funciona para mim, e também parece ser algo que outras pessoas escolheram como seu próprio paradigma. Portanto, fazer o nosso melhor para compartilhar o novo paradigma com os demais é a maneira de criar transformação social. Trata-se de compartilhar o que funciona para nós, o que torna a nossa vida mais plena, sem detonar o antigo paradigma, sem chamar seus defensores de um bando de fanáticos. Vamos contar aos outros o que gostamos em nossa própria história e como isso enriqueceu a nossa vida.

O próximo passo é explicar como seriam as estruturas sociais, caso adotássemos esse outro paradigma. Como seriam as gangues (ver "O conceito de gangues e as estruturas sociais dominantes", página 22) se elas funcionassem em harmonia com o paradigma que escolhemos? Como podemos desenvolver nossas habilidades a fim de transformar radicalmente as estruturas existentes para que elas funcionem em harmonia com o nosso paradigma?

Por fim eu pergunto: Que tipo de educação é necessária para que as pessoas compartilhem o nosso paradigma e criem outras estruturas que estejam em sintonia com ele? Tenho procurado trabalhar em conjunto com essas quatro áreas.

Este último tópico – a educação – é onde coloco muita energia. Quero que a próxima geração de pessoas ao redor do mundo seja educada em um paradigma radicalmente diferente, com habilidades para criar estruturas que sirvam de apoio ao novo paradigma. Então, por exemplo, não apenas ensinamos as crianças nas escolas, mas também fornecemos treinamento em Comunicação Não Violenta para os pais, professores e administradores escolares. É igualmente importante que a escola seja um reflexo do tipo de governo que gostaríamos de ver no mundo; um governo em que os líderes são servidores da população. Os professores estão a serviço dos estudantes; os administradores estão a serviço dos professores. Recompensas e castigos não são utilizados. As relações entre os alunos são de interdependência e não de competição. As provas não são utilizadas para determinar a série do aluno e sim para verificar se o professor ou a professora desempenhou bem o seu papel. Não são testes para avaliar os alunos e, sim, o processo de aprendizagem. É disso que trata o meu livro *Life-Enriching Education*.

A mudança de paradigma dentro de nós mesmos

A MOTIVAÇÃO DE ENRIQUECER A VIDA

Enriquecer a vida é um conceito-chave no meu paradigma: toda ação surge de uma imagem, da visualização de como determinada necessidade humana seria atendida por minha ação. Esta é a visão que efetivamente mobiliza tudo. Uma organização que enriquece a vida é aquela na qual todo o trabalho realizado, tudo o que os colaboradores fazem, está relacionado à percepção de que isso estará a serviço da vida por atender a uma necessidade. Pode ser inclusive uma necessidade do planeta físico, das árvores, lagos, seres humanos, animais. Fica bem claro como o atendimento dessas necessidades está a serviço da vida. Essa é a visão que inspira as ações. Em uma estrutura que enriquece a vida, ninguém trabalha por dinheiro. O dinheiro tem a mesma utilidade que a comida tem para uma mãe que amamenta seu filho. Ela não recebe comida como pagamento. A comida é a nutrição necessária para que a mãe tenha energia para estar a serviço da vida. Tudo se resume a necessidades humanas. E é por isso que a Comunicação Não Violenta está tão enraizada na consciência das necessidades. Tudo o que fazemos está a serviço das necessidades e do prazer que sentimos quando elas são supridas, especialmente aquelas de natureza espiritual. Estas são as necessidades cujo atendimento traz mais alegria.

Para mim, abelhas e flores são parte de uma organização que enriquece a vida. Veja como elas satisfazem às necessidades umas das outras.

Elas não fazem nada por culpa, dever ou obrigação, fazem naturalmente, como parte do sistema biológico. A abelha obtém o néctar da flor e ao mesmo tempo poliniza a flor.

SOBRE AS NECESSIDADES

É difícil distinguir as necessidades humanas das do meio ambiente. São as mesmas. Trata-se de atender às necessidades de todos os fenômenos do planeta. Enxergar a unidade em tudo. Ver a beleza do sistema como um todo – a totalidade interdependente do sistema da vida. As estruturas que enriquecem a vida – aquelas que eu gostaria que criássemos e das quais gostaria que participássemos – são as que estão a serviço da vida. Como saber se uma organização – seja ela uma família, uma equipe de trabalho ou o governo – está a serviço da vida? Podemos descobrir fazendo uma pergunta: a missão dessa organização é atender às necessidades e enriquecer a vida de seus integrantes e das pessoas com quem ela se relaciona?

E, afinal, do que as pessoas precisam? Dinheiro não é uma necessidade. É uma estratégia que às vezes pode atender a uma necessidade. A fama não é uma necessidade. Status não é uma necessidade. Essas são coisas utilizadas pela estrutura dominante para iludir as pessoas – são representações equivocadas de uma necessidade real, e fazem com que as pessoas imaginem tratar-se efetivamente de uma necessidade. Portanto, a organização que enriquece a vida é aquela que está a serviço da vida, das necessidades. E todo o trabalho realizado por uma estrutura dessa natureza é motivado por sua missão. Não é feito por dinheiro, salário, posição ou status. Qualquer tipo de trabalho que a pessoa venha a executar é inspirado pela alegria de atender a essa missão. E as organizações que enriquecem a vida proporcionam aos que trabalham ali a nutrição de que precisam para viver aquela missão. É aqui que o dinheiro entra em cena. As pessoas podem receber um salário para comprar comida para elas e suas famílias, mas não é por esse motivo que executam seu trabalho. São motivadas a trabalhar simplesmente pela missão de estar a serviço da vida. Isso significa que, sob esse aspecto, a parte mais importante de uma organização não é o dinheiro. Em uma organização que tem o propósito de enriquecer a vida, deve haver uma genuína gratidão pela contribuição de cada funcionário. Esse é o combustível necessário para manter as pessoas trabalhando: gratidão sincera. Quando isso está presente, as pessoas percebem que seus esforços são essenciais para cumprir a missão de servir à vida.

Minha necessidade não é ensinar Comunicação Não Violenta. Isso não é uma necessidade. Minha necessidade é ter segurança, alegria, uma justa distribuição de recursos, uma vida sustentável no planeta. A Comunicação Não Violenta é uma estratégia que serve para atender às minhas necessidades. Eu procuro maneiras de conseguir que tanto as necessidades do outro quanto as minhas sejam supridas. Não estou tentando vender nada. Estou tentando fazer com que as necessidades de ambos sejam atendidas. Portanto, minha primeira tarefa é criar uma qualidade de conexão através da qual eu consiga ver com clareza qual é a necessidade do outro, ao mesmo tempo em que a outra pessoa possa enxergar a minha. Quando a outra pessoa confia que eu tenho tanto interesse pela necessidade dela quanto pela minha, 90% do problema está superado. Fazer uma solicitação a alguém sem chegar à real necessidade dela me parece mais um trabalho da área de vendas.

AS BASES ESPIRITUAIS DA TRANSFORMAÇÃO SOCIAL

Marshall: A não ser que nós, como agentes de transformação social, venhamos de uma cultura em que existe certa espiritualidade, é possível que causemos mais mal do que bem. O que entendo por espiritualidade é o seguinte: A todo momento, nossa vida está conectada à vida dos demais. E podemos descobrir qual é a nossa espiritualidade ao indagar: O que é uma vida boa? O que somos? Essa qualidade de consciência ajuda a nos conduzir a uma espiritualidade que enriquece a vida, e faz com que estejamos conectados conosco mesmos e com os demais a partir do coração. Somos todos politicamente sofisticados, conhecemos as estruturas perigosas que existem por aí, somos muito astutos para perceber o que está errado no mundo e pretendemos mudar tudo isso. Mas se não criarmos, antes, uma transformação espiritual radical em nós mesmos, nossas ações não serão eficazes. Na verdade, podemos até acabar contribuindo para a manutenção daquilo que já está acontecendo.

Portanto, sim, é preciso começar por nós mesmos. Mas tenham cuidado, porque a espiritualidade pode ser reacionária. É o que vemos quando fazemos com que as pessoas fiquem tão mansas, tão dispostas a aceitar tudo, tão amorosas, que acabam tolerando estruturas perigosas. A espiritualidade que precisamos desenvolver para que a transformação social aconteça é aquela que nos mobiliza para operar mudanças. Não aquela que nos leva a sentar e desfrutar do mundo seja lá como for. A espiritualidade que precisamos é aquela que cria uma qualidade de energia que nos mobiliza para a ação. A não ser que o nosso desenvolvimento espiritual tenha essa qualidade, não penso que conseguiremos criar o tipo de transformação social que eu gostaria de ver no mundo.

A espiritualidade que procuro seguir é muito simples. Eu costumava ficar bastante entediado quando ia a sinagogas ou igrejas. Sinto necessidade de uma espiritualidade que seja viva para mim, que não precise de tantas palavras. Gosto da forma como Joseph Campbell sintetizou o espírito dessa espiritualidade. Joseph Campbell foi um senhor que escreveu muito sobre mitos e religiões comparadas. Ele tentou chegar naquilo que é belo em todas as religiões e descobriu que, na sua percepção, todas elas diziam a mesma coisa – e gostou muito do que ouviu. Então, qual é a síntese que ele fez sobre a espiritualidade? O que todas as religiões estão dizendo é o seguinte: Nunca faça nada que não traga contentamento.

Eu antevejo que quando pusermos isso na nossa cabeça – não fazer nada que não traga contentamento – perceberemos que o melhor jogo do mundo é fazer com que a vida seja maravilhosa. E como torná-la maravilhosa? Não faça nada que não traga contentamento. Espere até que fazer aquilo traga contentamento; e tudo trará contentamento no momento em que nossa consciência estiver inteiramente voltada ao que enriquece a vida. Nesse momento, coloque o seu poder a serviço das necessidades das pessoas e do planeta. Use seu poder para enriquecer a vida atendendo a essas necessidades.

A transformação social é libertar-se de qualquer teologia, de qualquer espiritualidade que não esteja em harmonia com aquilo que acreditamos que nos permitirá criar o tipo de mundo que gostaríamos. Criem uma imagem muito clara de que tipo de mundo gostariam, e então comecem a viver dessa maneira. Assim que começarmos a viver de acordo com uma espiritualidade diferente, já teremos dado início à transformação social. Claro que não devemos parar por aí, mas no momento em que passamos a viver esse tipo de espiritualidade – em qualquer grau – a transformação social já começou.

O desenvolvimento espiritual determina em grande medida o tipo de mundo e de estruturas sociais que criaremos. Por exemplo, o desenvolvimento espiritual de que precisamos, segundo meu entendimento da espiritualidade, tem o foco em algumas poucas questões: Qual é a nossa natureza como seres humanos? O que somos? O que é uma vida boa?

O tipo de espiritualidade à qual fui exposto – na cultura em que fui criado – entendia uma vida boa como sendo aquela em que as pessoas más são punidas. As forças do bem punem as forças do mal. Eu diria que essa ainda é nossa principal ideia de espiritualidade. As crianças, em nossa cultura, são expostas a ela, em especial das sete às nove da noite, quando assistem à televisão. Em 75% dos programas, o herói e os mocinhos ou matam ou espancam alguém. Não podemos culpar a TV por essa espiritualidade: muitos livros sagrados têm sido utilizados para ensinar a mesma mensagem. Mas eu gostaria de definir a minha espiritualidade de uma maneira diferente.

Compartilhando o paradigma com os demais e a transformação estrutural

SOBRE A QUALIDADE DA CONEXÃO

No contexto dos esforços direcionados à transformação social, é essencial criar uma qualidade de conexão com as pessoas a quem estamos solicitando alguma coisa. Cada um de nós procurará descobrir exatamente o que a outra pessoa está sentindo e do que está precisando. O mais importante é que a outra pessoa não pense que nosso objetivo é conseguir que ela faça aquilo que nós queremos. Para que ela acredite realmente nisso, nós precisamos ter certeza de que esse *não é* o nosso objetivo. Use a menor quantidade possível de palavras para trazer a outra pessoa para o diálogo. Evite monólogos; tenha cuidado para não tentar vender ideias. Incentive o diálogo. Deixe a outra pessoa conduzir você até aquilo que ela precisa escutar.

A cada pessoa com a qual você se conecta, tenha certeza de que o objetivo é criar com ela uma determinada qualidade de conexão. A meta não é conseguir o que queremos. Estamos realmente tentando viver um sistema diferente de valores, mesmo em nossos esforços rumo à transformação social. Isso significa que, de fato, gostaríamos de pedir-lhes algumas coisas, mas o mais importante para nós é cada conexão feita ao longo do caminho. Será que essa conexão reflete o tipo de mundo que estamos querendo criar? Cada etapa, de qualquer tipo de solicitação que fizermos, precisa ser um reflexo fiel daquilo que estamos buscando – é uma imagem holográfica da estrutura que estamos procurando criar. Em resumo, a forma como fazemos nossos pedidos precisa refletir o sistema de valores que estamos tentando promover.

AS QUATRO DIMENSÕES-CHAVE DA TRANSFORMAÇÃO SOCIAL

Acho que será útil mostrar as diferentes maneiras como a Comunicação Não Violenta tem sido aplicada para apoiar esforços na promoção de transformações sociais e ativismo político. Farei isso explicando as quatro dimensões – os quatro tópicos relacionados à interação – que devem estar sempre na nossa consciência. Essas quatro dimensões me ajudam a decidir como quero contribuir para a transformação social.

Na **primeira dimensão**, está aquilo que algumas pessoas chamam de história; outros denominam mito cultural ou paradigma básico. Essencialmente, essa dimensão significa a resposta a duas perguntas muito importantes: como deveríamos viver e qual é nossa natureza como seres humanos. Isso tudo é a primeira dimensão. E penso que constitui a dimensão mais importante para a transformação social. É essencial compreender qual o tema prevalecente em qualquer cultura. Como as pessoas aprenderam a responder a estas perguntas: O que é uma vida boa? Como devemos viver? E qual é a nossa natureza?

Baseado no trabalho de Riane Eisler, o escritor e teólogo Walter Wink, em sua obra *The Powers That Be* [Os poderes constituídos] e outros escritos, aponta que há 8 mil anos surgiu uma nova história. Era um novo tipo de compreensão acerca de quais seriam as respostas para as duas perguntas acima, respostas diferentes de tudo o que havia sido pensado antes. Há aproximadamente 8 mil anos, desenvolveu-se um mito sobre a criação do mundo. Como o nosso mundo surgiu? Querem saber? Começou quando um deus, muito heroico e virtuoso, esmagou e despedaçou uma deusa má, e através da destruição da força negativa pela força virtuosa, a energia criou a terra. Não se sabe bem como, mas isso evoluiu para se tornar uma espécie de conhecimento geral de senso comum acerca do assunto. Essa história foi passando de geração em geração e constituía a resposta àquela pergunta de como o mundo começou. Hoje toda a evolução desse mito está bem documentada. Nós não sabemos onde começou, porque é uma evolução de milhares de anos, mas a história gradualmente se transformou naquele tipo de narrativa padrão que as pessoas têm na cabeça a respeito do início do mundo. Não é de surpreender, portanto, a resposta geralmente dada à primeira dimensão, resposta que tem sido mantida ao longo de quase 8 mil anos. Como deveríamos viver? A resposta a essa pergunta é que devemos viver destruindo as forças do mal. Uma vida boa é aquela em que as forças virtuosas destroem as forças malignas.

Mas não se preocupe se você perdeu essa história. Se você não aprendeu sobre isso, lembre-se da sua educação formal. A maior parte de nós aprendeu isso ao estudar a história americana. Eu aprendi, quando era garoto, que as forças do bem – os Estados Unidos – precisavam destruir as forças do mal. Os Estados Unidos da América são o herói. Outros países têm histórias parecidas em que sua nação aparece como sendo a força do bem que esmaga as forças do mal. Se você não quiser voltar para a escola, ligue a televisão ou assista a um filme. Na maior parte dos programas, o herói mata ou espanca alguém. E quando é que essa violência acontece?

Participante Mulher: No clímax.

Marshall: No clímax. É como o prazer sexual. E isso é outra coisa que Walter Wink observa: nossa cultura requer que a violência seja prazerosa. E se você quiser realmente ver como a violência se torna prazerosa, vá até o Texas quando forem executar um condenado. Observe o lado de fora da prisão e verá centenas de estudantes reunidos como se fosse uma balada. Centenas deles. São centenas que se reúnem todas as vezes. Eles bebem e esperam pelo momento mágico. E qual é o momento mágico? É aquele em que se escuta dos alto-falantes da prisão a frase: "O prisioneiro foi executado". E então eles soltam gritos de celebração e aplaudem.

Portanto, essa é a história, essa é a vida boa. Os mocinhos exterminando os bandidos. Mas há um pequeno problema nessa história. Como é que você sabe quem são os mocinhos? Bem, depois de algum tempo, certas pessoas vieram com uma ideia criativa. Os mocinhos eram aquelas pessoas cujas famílias estavam mais perto de Deus do que as outras. Tinham o que chamavam de direito divino. Era direito divino delas serem reis porque estavam mais próximas de Deus. Mas, como você sabe que a sua família está mais perto de Deus do que as outras? Porque eu sou um Rei. Sim, mas como você pode ter tanta certeza? Você viu o tamanho do meu exército? Oh, sim, sim, percebi que você é divino; eu vejo agora sua divindade... Então é assim que as pessoas descreveram essa história. Normalmente, as forças do bem, as forças masculinas, destroem as forças do mal. Portanto, é necessário que um homem esteja no comando, porque alguém precisa dizer quem é do bem e quem é do mal. Essa é a história que nos tem sido inculcada.

Participante Homem: É preciso ter fé, não?

Marshall: Você precisa ter fé, e é por isso que esses reis envolveram a Igreja. Eles fizeram com que a Igreja trabalhasse para eles definindo os direitos divinos da realeza. Então, você vê, essa é uma dimensão muito importante para a transformação social. É vital compreender a história que a cultura tenta nos enfiar goela abaixo porque, como veremos, isso afetará as próximas três dimensões.

O CONCEITO DE GANGUES E AS ESTRUTURAS DOMINANTES

Agora vejamos a **segunda dimensão**, estreitamente relacionada à primeira, que são as gangues. Quais gangues são necessárias para que aquela história se torne realidade? O que quero dizer quando falo de gangues? Refiro-me a grupos de pessoas. Para que a história funcione, é preciso tomar decisões importantes sobre como as coisas serão feitas. Por exemplo, como distribuiremos comida para todo mundo? Como protegeremos todas as pessoas? Essas são decisões importantes. É difícil para uma pessoa só tomar todas as decisões. Assim, ao longo dos anos, desenvolvemos as organizações que fazem o que precisa ser feito para que todos vivam em harmonia com essa história. Para tanto são criadas gangues que se harmonizam com ela. E como essas gangues se autodenominam? Algumas se intitulam gangues mesmo. Outras se chamam família. Algumas definem a si mesmas como sistemas escolares, governo, polícia, corporações. Mas são grupos de pessoas; grupos que se reúnem para fazer coisas. A história impacta as gangues porque, se você acredita nessa velha história, então você cria gangues hierarquizadas, ou estruturas de dominação. E o macho mais "virtuoso" está no controle, é claro.

Marshall: A que gangues pertenci? A uma gangue familiar. Fui estudante em uma gangue escolar. Fui membro de uma gangue chamada governo dos Estados Unidos, desempenhando nela o papel de cidadão. Participei de muitas gangues. Criei uma chamada Centro de Comunicação Não Violenta. As gangues, como veem, são bastante afetadas pela história. Você cria gangues com base naquilo que você acredita que é a natureza dos seres humanos. Se você acredita na história que nos contaram – que as pessoas são basicamente más e egoístas até que sejam esmagadas e controladas pelas forças virtuosas – então alguém receberá o poder de punir aqueles que são maus e de recompensar os bons. Nem sempre usam as palavras "bons e maus" mas, novamente – e voltaremos a isso mais tarde –, é preciso um determinado tipo de educação para que se sustentem.

Até agora temos duas dimensões: a história, o paradigma, a noção de uma vida boa e os mocinhos dominando os bandidos; depois temos as gangues, as gangues criadas a partir daquela história. Basicamente, as gangues são as estruturas hierárquicas.

Uma vez inseridos e atuando em estruturas de dominação, ao desenvolvermos uma espiritualidade diferente (qualquer que seja o grau em que a cultivemos e efetivamente a vivamos) a estrutura leva um tranco. Mas precisamos ir além disso. É essencial transformar também as estruturas educacionais, para que a educação seja condizente com nosso ideal e consiga sustentar o mundo que queremos. Portanto, precisamos mudar as gangues. É vital transformá-las para que sirvam de base para o tipo de espiritualidade que queremos. E precisamos muita clareza a respeito dessa espiritualidade porque toda a transformação social se desenvolverá a partir dela. Este será o nosso guia – saber se o que está acontecendo é consoante com a nossa espiritualidade ou não.

Vejamos agora a **terceira dimensão**: Que tipo de educação você precisa promover para que as pessoas se tornem membros de gangue? Para serem membros de gangue que fazem a história funcionar, é preciso que as pessoas sejam educadas de uma determinada maneira. Como essa educação acontece? Historicamente falando, não havia, é claro, escolas públicas. A educação necessária era simplesmente transmitida pelos mais velhos aos demais. Hoje em dia, a unidade básica de educação é a televisão, as mídias. É assim que a maior parte das pessoas aprende a história nos dias de hoje, e também através da publicidade. Eu diria que essa é a maneira mais poderosa pela qual a história está sendo ensinada na atualidade. Ela também é transmitida através de algo que considero um paradoxo: a educação compulsória. Você já ouviu uma expressão mais contraditória do que essa? Educação compulsória. Não é possível haver educação compulsória, portanto temos uma doutrinação compulsória a que damos o nome de educação – e colocamos a televisão no lugar dos anciãos.

Esse é o formato da nossa educação. E o que está sendo ensinado? Em primeiro lugar, é preciso ensinar a linguagem da dominação. É preciso ensinar uma linguagem que se coadune com as estruturas hierárquicas, que se encaixe na história. Portanto, você precisa ensinar às pessoas julgamentos morais – ensinar a pensarem em termos de quem é o quê. Quem é a realeza? Quem são os peões? Quem está certo? Quem está errado? Quem é anormal? A linguagem é uma maneira de modelar a mente das pessoas. Você pode controlar a mente de alguém em grande medida através da linguagem que é introduzida na cabeça dela. Assim, é muito importante que as primeiras palavras que a pessoa escuta sejam palavras como bom, mau, certo, errado, normal, anormal, deveria, não deveria, tem que, não pode. Se você quer que as pessoas sejam controladas pela autoridade, a chave da educação é a linguagem. Que linguagem queremos incutir na cabeça das pessoas?

EDUCAÇÃO E DESENVOLVIMENTO HUMANO

Por exemplo, se você realmente quer manter as estruturas de dominação, é preciso ensinar às pessoas uma linguagem de julgamentos morais. Para tanto é preciso ter psicólogos e psiquiatras que digam que existem doentes mentais e pessoas saudáveis. É preciso ter autoridades – ou pessoas ligadas à Igreja – para dizer o que é o bem e o que é o mal. Temos que educar as pessoas para que aprendam a linguagem dos julgamentos morais. Por quê? Porque, como afirma Walter Wink, uma das características-chave das estruturas de dominação é fazer com que a violência seja prazerosa. E esse tipo de linguagem é ótimo para conseguir isso. Ela reduz as pessoas a objetos. Quando você pensa sobre o *que* alguém é, você realmente não enxerga a vida naquela pessoa. Você a reduz a uma abstração, a um fenômeno estatístico. E ao lado dos julgamentos morais, você precisa de uma linguagem que oculte as escolhas – palavras que passam a ideia de que não temos outra escolha a não ser fazer o que a autoridade diz que é certo. Palavras como *tem que, deve, está obrigado a, não pode, espera-se que*. Além disso, você precisa de um conceito muito importante se quiser manter uma estrutura de dominação (como o nosso sistema judicial e os sistemas econômicos): o conceito de *merecimento*, ou *valor individual*. É muito importante para a manutenção das estruturas de dominação fazer as pessoas acreditarem que certas ações *merecem* recompensa e outras ações *merecem* punição.

    Recentemente, ministrei um workshop na Hungria e recebi por um dia de trabalho uma quantia de dinheiro equivalente ao que os professores universitários húngaros recebem por dois meses de aula. Mas veja, eu *valho* "mais". Temos uma cultura desenhada para fazer com que as pessoas pensem que os esforços de alguns valem mais que de outros. É assustador.

Aprendemos que as pessoas devem se reunir para discutir se, por estupro de incapaz, sendo primária ou reincidente, a pessoa merece 12 meses de prisão ou 16 [nos Estados Unidos]. Parece engraçado quando a gente olha para as coisas desse modo, não? Mas é bastante trágico pensar que nosso sistema judicial se baseia nesse tipo de pensamento, ainda que as estatísticas demonstrem que a punição não resolve o problema. Mesmo que nos custe 25 mil dólares por ano para dar a um presidiário hospedagem e alimentação. Assustador. Mas fomos educados, intensivamente educados para sequer questionar isso, por meio de uma linguagem que dá suporte a essas práticas. Portanto, a linguagem é muito importante para que compreendamos a nossa história, as gangues, a educação e nosso processo de desenvolvimento enquanto seres humanos.

Como os seres humanos se desenvolvem? Por exemplo, se forem criados em estruturas de dominação e educados com uma linguagem que os faz acreditar que as pessoas merecem ser punidas, então teremos seres humanos que fazem coisas estranhas, como por exemplo, castigar as crianças. Certa vez eu estava trabalhando com uma pessoa de outra cultura, uma cultura em que o conceito de punição é estranho. Em um determinado ponto de nossa conversa, ela me perguntou: "Se uma planta não está crescendo do modo como você gostaria, você a castiga?". Se uma criança não está se comportando como você gostaria, você a castiga? Quando escutamos isso, evidencia-se o absurdo.

O USO DO PODER

Em seguida, é necessário ensinar as pessoas como usar o poder, porque todos precisam ter poder para sobreviver. Então, qual poder usar para influenciar a vida? Pois bem, na história dentro da qual fomos educados, as pessoas são ensinadas a usar táticas de *poder sobre os outros*.

Táticas de *poder-sobre* incluem punição, recompensa, culpa, vergonha, dever e obrigação. É assim que as pessoas são preparadas para ser bons cidadãos em uma estrutura de dominação. Ensine-as a usar a punição. Ensine-as que a punição é justificável. Pessoas que são rotuladas pelas autoridades como "más" merecem castigo. A recompensa é o que merecem as pessoas consideradas "corretas" pelas autoridades. Assim, se você quiser educar as pessoas para que sejam boazinhas, para que fiquem congeladas, inertes, dentro das estruturas hierárquicas, é muito importante ensinar-lhes que a punição e a recompensa são legítimas.

Essas são as três primeiras dimensões. A história, que afeta em grande medida as gangues que criamos, que por sua vez determinam como educamos as pessoas. E qual é a linguagem que oferecemos a elas? Como as educamos? Que táticas de poder ensinamos a elas para que tenham as suas necessidades atendidas? Essas três primeiras dimensões afetam em muito a **quarta dimensão**: Que tipo de pessoa resulta desse processo? Qual é o nosso desenvolvimento como seres humanos? Isso fecha o círculo, porque quando passamos por essas estruturas e por esse tipo educação, nós nos tornamos pessoas violentas, e isso confirmará a história. Veja como as pessoas são violentas. Leia o jornal em um dia qualquer e verá que as pessoas são violentas e gananciosas das mais variadas maneiras. Veja nas páginas de negócios o que os empresários estão fazendo conosco – isso prova que as pessoas são más. Assim, cria-se uma necessidade eterna de continuar a encontrar pessoas virtuosas que possam controlar as pessoas más – e também uma busca incessante de formas mais eficazes de punir os malfeitores e recompensar os benfeitores, assim perpetuando o sistema.

SOBRE A AUTORIDADE

Participante Homem: Quero perguntar sobre obediência a uma autoridade. Vejo alguma verdade no que você disse. O problema é: Quem é essa autoridade? Por exemplo, nos doze passos (do processo de cura dos Alcoólicos Anônimos), o terceiro passo é entregar a minha vida e a minha vontade ao cuidado de Deus, da forma como eu entendo Deus. Entregar a minha vontade a um poder superior. Então, a obediência a uma autoridade é real; porém o problema é que os homens no poder acham que são a autoridade e que sabem as respostas, e essa é a controvérsia. Conheci muitas pessoas em que tive a sensação de que existe obediência a uma autoridade, existe obediência a seu poder superior, existe obediência no serviço de Deus...

Marshall: Eu diria que a palavra obediência descreve como nós às vezes escolhemos fazer o que as autoridades pedem porque percebemos que isso serve à vida. Portanto, eu não chamaria isso de *obediência* a uma autoridade. Eu diria que estou escolhendo fazer o que a autoridade determina porque isso está em harmonia com as minhas necessidades. Sempre que trabalhamos com professores e pais, nos esforçamos para garantir que eles esclareçam as crianças sobre a diferença entre respeito pela autoridade e obediência à autoridade.

Participante Homem: Entendo.

Marshall: Não consigo pensar em nada mais importante do que perceber a diferença entre esses dois conceitos. A última coisa que eu gostaria de ensinar a alguém é a obediência à autoridade.

Participante Homem: Certo, então obediência é fazer cegamente aquilo que a autoridade diz.

Marshall: Sim. E obediência à autoridade, nesse outro sentido (que acho que você está colocando) é: eu escolho fazer o que essa pessoa diz porque respeito a sua autoridade; porque realmente a vejo como alguém que tem algo a oferecer a serviço da vida, portanto eu escolho fazê-lo. Uma das primeiras coisas que ensinamos às crianças em nossas escolas é nunca darem à autoridade o poder de dizer a elas o que fazer. É a *primeira* coisa que procuramos ensinar a elas. É fácil ensinar isso a crianças de seis anos, mas é bem difícil ensinar o mesmo a seus professores. Ensinamos as crianças a respeitar as autoridades, a ouvir o que elas têm a oferecer, a aprender com elas.

Participante Homem: E depois tomarem suas próprias decisões.

Marshall: E depois fazerem suas próprias *escolhas*. E também ensinamos a não reagir com rebeldia no presente em razão da forma como a autoridade lhe foi imposta no passado. Ambas as atitudes, tanto a submissão como a rebeldia, dão poder à outra pessoa. Nunca dê às pessoas o poder de fazer com que você se submeta ou se rebele. Quando você é realmente livre, tem consciência de que pode fazer aquilo que escolher em todos os momentos de sua vida. Ninguém pode obrigá-lo a fazer coisa alguma.

Alguns de vocês já devem ter me ouvido contar a história de quando meu filho mais velho voltou para casa vindo da escola pública pela primeira vez, depois de ter frequentado, por seis anos, uma escola que eu ajudei a criar.

Em seu primeiro dia na escola pública, ele voltou para casa e eu perguntei:

— Como foi, Rick, na escola nova?

— Foi bem, mas, nossa, alguns daqueles professores...

— O que aconteceu?

— Pai, eu mal tinha entrado na sala e o professor se aproximou correndo e disse: "Nossa, olha a menininha!".

O professor estava reagindo ao cabelo longo do meu filho. Então, pensei comigo mesmo: "Bem-vindo à escola pública, onde os professores sabem o que é certo, a autoridade sabe o que se deve e não se deve fazer". Existe um jeito certo para meninos usarem o cabelo e um jeito errado. E se você não sabe o jeito certo, você deve ser humilhado por não fazer o que é certo. Eu comecei a ficar aborrecido com o relato de meu filho e perguntei:

— Como você lidou com isso?

— Eu me lembrei do que você disse, pai. Nesse tipo de estrutura, nunca dê a eles o poder de fazer com que você se submeta ou se rebele.

— Minha nossa! Você se lembrou disso? Rapaz, ganhei o dia. E o que você fez depois?

— Eu tentei escutar os sentimentos e as necessidades dele, pai, e respeitá-lo como pessoa.

— É mesmo? O que você escutou?

— Eu escutei que ele estava irritado e queria que eu cortasse o cabelo.

— E como você se sentiu com isso?

— Pai, eu fiquei triste pelo professor. Ele era careca e parecia ter algum problema com esse assunto de cabelo.

É isso que nós trabalhamos com as crianças. Veja, nós sabemos que elas não estarão sempre em estruturas que favoreçam a vida, ao menos até que a gente consiga criar essas estruturas em todo o mundo. Mas até lá, enquanto estivermos em outro tipo de estrutura, temos que aprender a nunca dar aos outros o poder de fazer com que nos submetamos ou nos rebelemos.

Participante Mulher: Então as mudanças começam em ambientes controlados.

Marshall: Exatamente. Desse modo, mesmo estando em estruturas de dominação, podemos viver dentro da outra história. E depois, para transformar a estrutura de dominação, é preciso chegar aos professores e mostrar a eles que há outras formas de ser e de lidar com as crianças.

Mas hoje muitas crianças não recebem o nosso treinamento, que as ensina a nunca escutar o que as autoridades pensam sobre ela e, sim, a escutar o que elas sentem e quais são as suas necessidades. É preciso aprender com elas, mas nunca dar-lhes o poder de definir você. Com crianças de seis anos, chegamos a isso muito rapidamente. Nós dizemos: "Você fez um bom trabalho". Elas responderão: "Você gostou do que eu fiz?". Dizemos: "Isso foi burrice". Elas dirão: "Você discorda do que eu fiz?". Nós conseguimos ensinar isso a uma criança de seis anos num piscar de olhos. Quanto mais velhos, mais difícil é ensinar-lhes isso, pois vão ficando viciadas naqueles valores culturais que ensinam que tudo se resume a boas notas, boas avaliações por parte das autoridades. Portanto, queremos ensinar as crianças a escutar o que o outro ser humano tem a oferecer. Escutar quais são suas necessidades, o que estão sentindo, mas nunca, nunca, nunca dar a uma pessoa em posição de autoridade o poder de dizer o que é certo, o que é errado ou o que você deve fazer.

Participante Mulher: Mas nós todos somos produtos disso agora, você sabe.

Marshall: Mesmo depois desse nosso treinamento?

Participante Mulher: Mesmo depois...

Marshall: Onde foi que errei? Como foi que errei? [em tom jocoso]

Participante Mulher: Sabe, algumas vezes me sinto muito frustrada porque apesar de conhecer a CNV e a outra história, ainda sou um produto desta cultura. Ainda reajo de maneira "poder-sobre", e as pessoas me ouvem desse modo. Eu vejo pessoas fazerem o mesmo comigo o tempo todo – inclusive nesta sala – e isso é muito desencorajador.

Marshall: Provavelmente, é ainda mais desanimador porque talvez haja uma voz "não CNV" dentro de você afirmando que você já *deveria* estar mais adiantada do que está. Veja bem, simplesmente ficar triste porque não está tão adiantada como gostaria pode ser uma dor doce. Mas se você pensar que *deveria* estar em um lugar diferente daquele em que você está agora, isso é agregar mais dor à primeira dor.

Participante Homem: Você "deveria" estar?

Marshall: Você "deveria" estar.

Participante Mulher: Bem, estou preocupada, sabe, porque penso que a única forma de realizar essas grandes transformações é fazê-las individualmente, dentro de nós mesmos. E, depois de anos lidando com isso, sei que sou sincera no meu esforço e sei do meu próprio trabalho, e ainda estou aqui e continuo vindo aos seminários, mas é difícil e desafiador para mim. E começo a me sentir exaurida, como se fosse inútil, sabe, quando vejo que ainda acontece.

Marshall: Sim, sim. É exaustivo para você perceber tudo o que está envolvido na tentativa de realizar essa mudança em sua própria consciência. Você se sente desesperançada, desencorajada e frustrada com toda a demanda necessária para trocar o antigo paradigma por aquele que seja de sua própria escolha.

Participante Mulher: Sim.

Marshall: Sim, oito mil anos é um bom tempo para ter essas coisas sendo incutidas em nós. Geração após geração, isso esteve em nossos livros, em nosso aprendizado cultural e religioso – ou talvez eu devesse dizer em 90% de nosso aprendizado religioso. Porque Milton Rokeach, em sua obra *Open and Closed Mind* [Mente aberta e fechada] mostrou que se observarmos as pessoas que frequentam igrejas de qualquer uma das sete grandes religiões, pessoas que seguem as práticas religiosas de forma devota, e as compararmos em termos de compaixão com outras que não frequentam igrejas, aquelas têm menos compaixão. Quanto mais as pessoas vão à igreja, menos compassivas elas se tornam. Mas ele nos alerta sobre como interpretar seus dados, pois dentro de cada uma das sete religiões que estudou, havia dois grupos de pessoas radicalmente diferentes. Havia uma minoria de aproximadamente 8% que eram mais compassivas que os 92% restantes daquele grupo. Essa minoria era da mesma religião, mas a maneira como a interpretavam era totalmente diferente. Radicalmente diferente. Não importa se se tratasse de Judaísmo, Cristianismo, Islamismo, Hinduísmo ou Budismo – havia dois grupos diferentes dentro de cada uma dessas religiões. Um grupo era menos compassivo (infelizmente, a maioria), e havia uma minoria muito mais compassiva.

Educando a si próprio e aos outros para a transformação

INVESTINDO EM OBJETIVOS RADICAIS

Uma das coisas que devemos fazer com grande cuidado é escolher como investir nossas energias para a transformação social com sabedoria. Essa é uma escolha importante. Ser bom investidor significa ter clareza sobre a diferença entre objetivos radicais e objetivos periféricos.

Em Rockford, Illinois, empenhei um grande esforço para fazer funcionar uma escola comprometida em tornar a vida mais rica. O Welch Teacher Development Center era uma escola de ensino fundamental. Nosso objetivo era criar uma escola em harmonia com o que chamamos de princípios da Comunicação Não Violenta. Levamos três anos para que a escola se estabelecesse e funcionasse conforme a idealizamos. Foram anos difíceis. Não sei se vocês sabem alguma coisa sobre Rockford, mas é uma cidade que, de acordo com vários indicadores, é considerada a cidade mais conservadora dos Estados Unidos. Então, essa foi uma grande experiência de aprendizado para mim: tentar criar uma escola radicalmente diferente no meio de uma cidade conservadora. E foi difícil. Eu nunca vira uma cidade tão dividida em questões relacionadas à educação. No quintal de todas as casas havia uma placa com dizeres a favor ou contra a escola. Esse foi o problema político na cidade durante mais ou menos três anos.

Mas nós montamos a escola e o rendimento acadêmico melhorou. Lá havia diversidade racial. Não era assim antes, mas agora a escola era racialmente integrada, oferecia um programa totalmente novo, o rendimento acadêmico era elevado, o vandalismo diminuiu, a frequência dos alunos cresceu. A escola ganhou um prêmio nacional de excelência em educação oferecido pela Companhia de Calçados Thom McAn que, naquela época, dava prêmios para os melhores programas educacionais do país. A revista *Life* fez uma matéria de três páginas sobre a escola. E então, na eleição seguinte do Conselho Escolar, quatro membros foram eleitos e a proposta deles era afastar o superintendente que tinha dado início à escola, e depois fechá-la quando os fundos federais que havíamos conseguido acabassem. Por quê? Estávamos fazendo uma transformação periférica. Estávamos mudando apenas um aspecto, uma manifestação do sistema. As áreas que não estávamos mudando, aquilo com que não estávamos lidando, era o próprio sistema em que essa experiência estava inserida. Em outras palavras, estávamos tão preocupados em apagar os incêndios criados pela estrutura da cidade que deixamos de investir a energia que eu gostaria de ter colocado na transformação das estruturas.

Vejam, há tanto a ser feito, tanta coisa a ser feita nessas quatro dimensões. Como fazer nascer uma nova consciência a respeito do que somos como seres humanos? E se queremos seguir esse caminho, o que fazer com a segunda dimensão, a das gangues? Meu Deus, por onde começar?

Imagine que você está caminhando ao lado de um rio e vê um bebê boiando rio abaixo, ainda vivo. Você o escuta chorar. Obviamente, você pula no rio, retira o bebê. Assim que você retira o bebê da água, olha para trás e, minha nossa, há outro bebê! Você pula no rio, salva o segundo bebê. Agora você vê outros dois bebês boiando rio abaixo. Você pula no rio, retira mais dois. Depois vêm três. Você não pode retirá-los sozinho, mas vê outra pessoa caminhando pela margem do rio, e grita: "Ei, me ajude!". Vocês dois então retiram os três bebês da água. Olham para trás e, minha nossa, agora são quatro bebês rio abaixo. E aqui está a minha pergunta: se você está nessa situação, o que fazer? Continua retirando os bebês da água ou vai rio acima para ver quem está jogando as crianças no rio? Aplicando essa metáfora à transformação social, o comportamento de algumas gangues cria tantos danos que é como jogar bebês na água. Há gangues que causam muitos danos. Continuamos a retirar os bebês da água? É bem difícil dizer "não" ao bebê que está ali chorando. Seria como dizer: "Ei, bebê, me desculpe, tenho que ir rio acima". Há, obviamente, muito sofrimento causado pelas gangues no nosso mundo. E é muito difícil não querer resolver os problemas criados por elas. Mas neste caso, como e quando vamos focar nas próprias gangues que estão criando os problemas? Este é, para mim, o principal investimento no campo da transformação social, decidir onde vou investir a minha energia. É incrível a quantidade de sofrimento e dor criados pelas gangues. E eu poderia passar minha vida inteira apenas resolvendo os problemas que elas criam.

TRADUZINDO CNV EM CONEXÕES

Participante Homem: Eu tenho uma pergunta. Qual seria uma boa estratégia inicial quando tentamos começar uma transformação? E como fazer isso levando em conta que as estruturas de poder sempre fizeram as coisas de uma determinada maneira e aí você quer sugerir uma melhoria, algo que possa trazer benefícios.

Marshall: A estratégia inicial mais poderosa que conheço – quer eu esteja tratando de transformação social ou trabalhando com pessoas encarceradas que cometeram atos assustadores na minha visão –, a coisa mais poderosa que posso fazer é me conectar de maneira empática com a pessoa que está fazendo algo que eu não gosto. E me conectar de um modo que demonstre sinceramente que não estou julgando essa pessoa pelo que ela fez. É a coisa mais poderosa que posso fazer, no entanto, requer muito trabalho interior pois, para conseguir isso, preciso retirar da minha cabeça todas as imagens de inimigo. Isso exige que eu esteja consciente de que não estou ali para mudar a outra pessoa. Estou ali para criar uma conexão que permita que as necessidades de todos sejam atendidas. Assim, esta seria a minha primeira estratégia: a conexão empática.

Participante Mulher: Você não tenta se conectar consigo mesmo em primeiro lugar?

Marshall: Frequentemente tenho que fazer isso antes de ir a um encontro. Mas uma vez que estou diante da outra pessoa, se eu realmente quero criar uma qualidade de conexão que fará com que as necessidades de todos sejam atendidas, preciso transmitir para a outra pessoa, com sinceridade, que eu sei que o que ela está fazendo é a coisa mais maravilhosa que ela consegue fazer. Ou seja, se eu estivesse com o presidente, esta seria a primeira coisa: eu criaria um tipo de conexão com ele que o fizesse confiar, acreditar que eu de fato vejo que o que ele está fazendo é certamente a coisa mais maravilhosa que ele consegue fazer.

Participante Homem: E isso é verdadeiro?

Marshall: Se não for, então preciso trabalhar interiormente, porque acredito de verdade que o que cada ser humano faz, a cada instante, é sem dúvida a melhor coisa que ele consegue fazer naquele dado momento.

Participante Homem: Mas como expressar isso para alguém e, ao mesmo tempo, tentar fazer com que essa pessoa mude?

Marshall: É sempre a minha intenção, em tudo o que falo, em tudo o que faço, fazer com que a vida seja mais maravilhosa. E às vezes não dá certo. Depois de começar oferecendo empatia, eu manifesto a dor que sinto em relação àquelas estratégias específicas que a pessoa está usando. Deixo bem claro que aquelas estratégias não atendem às minhas necessidades. Por fim peço para procurarmos juntos uma forma de atender às necessidades de todos.

Assim, depois de escolher onde queremos investir nossa energia, é hora de falar sobre como se usa a Comunicação Não Violenta para a transformação social. Ela é utilizada da mesma forma como quando estamos falando com nossos filhos, nossos companheiros, com qualquer pessoa. Se tivermos uma diferença com alguém, tentamos nos conectar de tal modo que possibilite o atendimento das necessidades de todos.

Portanto, esta é a unidade básica de transformação social que, a meu ver, nos levará aonde queremos: a habilidade de nos conectarmos com os outros de modo a atender às necessidades deles e às nossas também.

Quando estou trabalhando com presidiários, algo que faço com certa frequência, não quero que eles abram mão daquilo que fizeram, e que os levou à prisão, até que eu possa me conectar com eles e encontrar uma maneira melhor para atender às suas necessidades, ao mesmo tempo atendendo às minhas. Para conseguir criar essa conexão, eu preciso ter certeza de não entrar na conversa já fazendo uma imagem daquela pessoa como sendo meu inimigo. Digamos que você queira fazer um trabalho com uma gangue, com o governo, seja lá quem for. Você deve se certificar de que não vai começar com a imagem de um inimigo. Então, agora vamos praticar como usar a Comunicação Não Violenta se tivéssemos acesso a um membro poderoso de uma gangue.

Bem, digamos que eu organizei as coisas para que hoje tenhamos acesso aos líderes das gangues que você mais quer mudar. Então, aqui está o membro número um. A qual gangue pertence essa pessoa?

REPRESENTANDO PAPÉIS: DIÁLOGO COM O "LÍDER DA GANGUE" Nº 1

Participante Homem: Ao Governo dos EUA. É o Presidente.

Marshall: Vamos ouvir o que você vai dizer. Vamos praticar a Comunicação Não Violenta agora. Usaremos a CNV para aproveitar ao máximo essa preciosa experiência. O que você diria a ele? Você já tem algo pronto para nós?

Participante Homem: Eu quero que o senhor saiba, Sr. Presidente, que estou muito aborrecido porque sua necessidade de petróleo está colocando em risco a vida de todos do planeta nesse momento.

Marshall: Bem, veja, você facilitou as coisas para ele, pois começou com uma análise e agora ele vai levar uns dezenove minutos apresentando a análise dele para mostrar que a sua está errada. Em um tempo tão precioso, você acabou não apresentando um pedido claro. O presidente vai responder: "Obrigado por sua opinião. Eu acho que com um pouco de pesquisa, você vai ver que tivemos pessoas altamente capacitadas estudando isso, blá, blá, blá, blá, blá, blá. Desculpe, obrigado por comparecer".

Participante Homem: Posso tentar outra vez?

Marshall: Não, você já está fora. Você desperdiçou seus vinte minutos. Você expôs um sentimento e uma análise. Não disse quais são as suas necessidades, e não apresentou um pedido. Você perdeu sua oportunidade. [Dirige-se a outro participante.] Você quer dizer algo ao presidente?

Participante Homem: Sr. Presidente, eu gostaria de oferecer o meu apoio para que o senhor seja um herói. Há uma ótima oportunidade agora, as pessoas o apoiam e todos estão querendo acabar com o vilão. O que eu gostaria de fazer é dar o meu apoio para que o senhor entre para a história como o maior presidente que já existiu. E para fazer isso, nós vamos informar a todos que o senhor tentou fazer com que o Senado e o Congresso revogassem a lei que diz que devemos colher o que semeamos, mas como o senhor não conseguiu fazer com que o Congresso derrubasse a lei de que colhemos o que semeamos...

Marshall: Agora o presidente está levantando os olhos e pensando como rebater a sua análise. Se você usar mais de quarenta palavras antes de deixar o outro falar, esqueça, não vai conseguir o que quer.

Participante Homem: Entendi, muito bom. Obrigado.

Marshall: Sim. Você o perdeu mais ou menos nas dez primeiras palavras que falou. Ele estava escutando educadamente por um tempo, mas depois começou a olhar para o relógio, para o teto, fazendo tudo para mostrar a você que escutou sua análise, que não sabe o que você quer, não sabe o que está vivo em você, e isso o deixou desconfiado. Parece que você tem um plano, mas ele não sabe suas intenções, amigo, então você acabou de enfraquecer o poder que tinha diante dele.

Participante Homem: Muito bom, obrigado. Porque é esse tipo de coisa que costumo fazer.

Marshall: Agora, se você estivesse diante de uma pessoa educada, nunca aprenderia. Ela finge que o que você diz é muito interessante: "Obrigado por vir. Preciso de apoiadores como você. Próximo!".

Participante Homem: Bem, depois de passar dois dias no seu Seminário, Marshall, eu tentaria algo como: Sr. Presidente, o senhor deve estar sentindo um pouco de medo, porque precisa proteger não apenas a sua família, mas 250 milhões de pessoas.

Marshall (fazendo o papel de presidente): Muito obrigado. Sim, eu achei que soubesse o que era o inferno até que aceitei este emprego.

Participante Homem: E agora você está criando um, me desculpe!

Marshall: Você estava indo tão bem... é uma pena pois você ia indo pelo caminho certo. O presidente até entrou numa espécie de empatia de emergência.

Participante Mulher: E então ele resolveu falar o que passou na cabeça dele.

Participante Homem: Sim, falei o que passou pela minha cabeça, é isso mesmo. Meu coração diz, sabe, que eu também tenho medo e preciso de algo parecido; a visão dos meus filhos e netos, e dos filhos e netos deles crescendo em um mundo seguro. Você estaria disposto a explorar outras maneiras de se comunicar com pessoas desafiadoras do mundo?

Marshall (fazendo a partir de agora o papel de presidente): Eu estou desesperado por algum tipo novo de abordagem que alguém consiga me apresentar e que possa atender à necessidade que você diz ter e que eu também tenho, de proteger o nosso povo.

Participante Homem: Muito bem. Eu tenho um novo aliado no escritório, Marshall Rosenberg; ele está lá fora e eu gostaria de convidá-lo a entrar neste momento.

Marshall: Tive a oportunidade de conversar com Marshall Rosenberg diversas vezes desde o 11 de Setembro. As pessoas queriam saber como ele faria a mediação entre um terrorista e eu, se pudéssemos nos encontrar. E também queriam saber como ele falaria comigo desse seu jeito. Eu nunca falei com ele pessoalmente, mas gosto do modo como ele lida com pessoas desafiadoras.

Gostei quando você começou tentando empatizar com a enorme dor que eu estava sentindo, e seria bom se você permanecesse mais no modo empático antes de abordar seus próprios sentimentos. Quando eu disse que a situação é um pesadelo maior do que eu imaginava, o fato de ter recebido a sua compreensão no início me fez ir ainda mais fundo, então seria difícil para mim escutar o que você falou a seguir, porque ainda tenho muita necessidade de empatia por conta desse pesadelo em que eu me meti.

Participante Homem: E essa é a verdade?

Marshall: Bem, é o que eu acho. É um palpite.

Participante Homem: Sr. Presidente, qual de nossas necessidades como país está sendo atendida com a declaração de guerra contra um país como o Iraque?

Marshall: É bem óbvio, para qualquer pessoa que conheça a situação, que estamos lidando com um maníaco, Saddam Hussein, e que, caso esse homem não seja detido em suas tendências destrutivas, em breve teremos armas químicas e outros tipos de armamento ameaçando milhões de pessoas. Ele é um dos maiores apoiadores do Sr. Bin Laden, e esse e outros grupos estão crescendo ao redor do mundo. Se não impedirmos sua organização – e a propagação dessas pessoas – teremos a pior onda de violência que nosso planeta jamais conheceu. Isso responde à sua pergunta?

Participante Homem: Eu tenho outra pergunta. Quase todas as pessoas com as quais converso não compartilham da sua convicção de que há uma grande ameaça contra nós, particularmente se compararmos com a situação de dez anos atrás. Paquistão, Índia, todos eles tinham armas nucleares e coisas do tipo. Qual é a diferença de agora para aquele tempo? E por que há tantas pessoas que discordam de sua posição?

Marshall: Eu acho que essas pessoas estão mal informadas. Minhas declarações baseiam-se em relatórios fornecidos pela CIA e outras agências governamentais, que vêm estudando esse assunto intensamente. Elas sabem de coisas que não tenho a liberdade de divulgar ao público neste momento, mas se você soubesse o que tem sido planejado por esses grupos, veria que estamos fazendo a única coisa que podemos para proteger o nosso povo.

Participante Homem: Eu, eu...

Marshall: Esse homem, Sadam Hussein, caso você tenha esquecido, matou seu próprio povo com gás. Ele usou a guerra química para matar seu próprio povo. Se ele faz isso com seu próprio povo, o que fará conosco?

Participante Homem: Infelizmente, não podemos validar ou verificar nenhuma dessas coisas que o senhor está dizendo. Eu tenho simplesmente que acreditar ou não acreditar nas suas palavras.

Marshall: Sim, sim.

Participante Homem: Uma última pergunta. A respeito das Nações Unidas serem uma espécie de força policial internacional, qual é o sentido de o senhor apoiar suas resoluções em alguns casos, e as ignorar completamente em outros? Ou o senhor apoia as Nações Unidas de forma consistente, ou simplesmente faz o que quer fazer.

Marshall: Eu gostaria muito de apoiar as Nações Unidas quando ela se tornar de fato Nações Unidas e não for controlada por um grupo de pessoas que são muito perigosas para o nosso planeta. Portanto, até que consigamos que as Nações Unidas sejam uma organização mais responsável, precisamos proteger os Estados Unidos daquilo no qual a ONU está se transformando.

Participante Homem: Sr. Presidente, eu entendo...

Marshall (saindo do papel): Agora, deixe-me voltar e revisar o diálogo a partir da perspectiva da Comunicação Não Violenta. Eu acho que não fizemos o melhor uso do nosso tempo porque apenas trocamos informações intelectuais. Você fez perguntas sem dizer o que estava vivo em você quando as perguntou. Então, não houve conexão no nível do coração. O presidente já teve conversas semelhantes com jornalistas nas coletivas de imprensa; ou seja, se tivéssemos esse tempo precioso com ele, não estou certo de que fazer perguntas intelectuais seja a melhor forma de aproveitar tal oportunidade.

Participante Homem: Eu não entendo o que você quer dizer.

Marshall: Só procurei indicar o que eu gostaria de fazer se estivesse com o presidente. Posso encontrar as respostas que ele daria em cinquenta fontes diferentes. Sei o que ele vai dizer antes mesmo que ele próprio saiba, porque já li sobre isso muitas vezes. Se eu dispusesse de um tempo limitado com ele, não escolheria sabatinar as posições dele. Gostaria de saber o que está no coração dele, e de dizer a ele o que está no meu. E desejaria chegar a uma conclusão que pudesse atender às necessidades de ambos. Algo que possa ser traduzido em uma ação clara...

Participante Mulher: Eu começaria como ele começou – com empatia: "Entendo que você deve estar se sentindo muito estressado nessa situação e com medo do que Saddam Hussein possa ter em mente. A violência que poderia acontecer..."

Marshall (no papel de presidente novamente): Essa é uma parte da questão, mas o que mais me aflige – e em alguns aspectos me assusta até mais do que Saddam Hussein – é o número inacreditável de americanos que estão sendo induzidos por certas forças liberais a pensar que não existe perigo.

Participante Mulher: Então você se sente muito receoso por si próprio e pelo povo americano.

Marshall: Por causa dessas forças liberais que, acho que sem perceberem, estão desempenhando um papel reacionário ao apoiarem, com sua filosofia new age, o poder destrutivo de Saddam Hussein. Eles não enxergam as realidades do mundo, não enxergam as ameaças com as quais estamos lidando e, em diversos aspectos, eles agora são a maior ameaça aos Estados Unidos porque estão enfraquecendo a nossa determinação de proteger o povo americano.

Participante Mulher: A partir de sua fala entendo que o senhor está com receio dos liberais, e que eles estão enfraquecendo a determinação do povo americano de se deixar proteger.

Marshall: Exatamente.

Participante Mulher: E eu...

Marshall (sai do papel de presidente): Pare aí.

Participante Mulher: Sim?

Marshall: Você contou até um milhão antes de mudar o foco da outra pessoa para você mesma? Conte até um milhão lentamente antes de reagir depois de ter oferecido empatia. Porque talvez o presidente estivesse a ponto de entrar em um assunto bastante profundo, e se você migrar rapidamente para a sua própria reação, vai parecer que você está usando a empatia como uma técnica. É como se durante todo esse tempo você estivesse só esperando o presidente terminar para poder ir ao que interessa. Agora ele não confia na sua empatia. Então, conte até um milhão antes de abandonar a conexão empática com a outra pessoa.

Participante Mulher: Não entendo o propósito de contar até um milhão antes de sair da conexão empática.

Marshall: Deixe-me explicar de uma forma menos singela. Tenha certeza absoluta de que a outra pessoa recebeu toda a empatia de que precisava antes de migrar para suas próprias necessidades. "Há mais alguma coisa que o senhor gostaria de dizer, Sr. Presidente, antes que eu exponha a minha visão?" Ou respire fundo e espere. Quanto mais rápido você responder, menos as pessoas vão acreditar que você está tentando empatizar de forma sincera. Elas escutarão como se você dissesse: "Sim, eu entendo Sr. Presidente, *mas...*" As pessoas já passaram muitas vezes por isso ao longo da vida: o jogo do "sim, mas". Então, deixe o seu "mas" bem longe delas.

VÁ AO CORAÇÃO DAQUILO QUE ESTÁ VIVO NOS OUTROS

Permanecemos no diálogo até sentir que estamos no cerne daquilo que está vivo na outra pessoa naquele momento. Reconheço que não é muito fácil saber quando você realmente atingiu esse ponto. Há duas pistas que podem nos dar um pouco de informação. A primeira é que, quando a pessoa se sente realmente compreendida, nós sentimos isso em nosso corpo. Há certa liberação de tensão quando qualquer ser humano recebe a compreensão de que precisa. Quem estiver na sala geralmente sentirá isso no corpo também. É um tipo de "ahhhhhhh" [expiração prolongada]. A segunda é que a pessoa costuma parar de falar nesse ponto; ela não precisa mais continuar. Então essas duas dicas podem sinalizar que ela já recebeu a compreensão de que necessitava e que podemos passar ao pedido. É sempre importante ser lento e conservador antes de direcionar a atenção que estava no outro para nós mesmos. Falar algo como "Você gostaria de dizer mais alguma coisa sobre isso?" funciona. Dê ao outro bastante espaço para explorar o que se passa com ele. Vamos continuar.

Participante Mulher: Há mais alguma coisa que o Sr. Presidente gostaria de dizer?

Marshall (novamente no papel de presidente): Não, obrigado. Você me ouviu; agora vamos ouvir você.

Participante Mulher: Eu também tenho medo. Tenho medo de entrar em guerra com o Iraque. O senhor estaria disposto a comunicar-se com Saddam Hussein de uma forma que nos permita descobrir o que está motivando os iraquianos, quais são seus medos e quais as suas necessidades? E talvez apoiá-lo para que possa ter as necessidades dele e as dos iraquianos atendidas, de modo que ele não aja mais da forma como vem agindo?

Marshall: Bem, se eu já considerei essa possibilidade? Não apenas considerei como tentamos mais de cem vezes negociar com ele, e ele destruiu cada uma dessas iniciativas. Ele ignorou ou evitou cada uma delas. E nas duas vezes em que recebeu os nossos representantes, eles não conseguiram falar com esse homem. Ele vai persistir no seu modo de fazer as coisas até que alguém o detenha.

Participante Mulher: Estou imaginando se os representantes o viam como um inimigo quando se encontraram com ele. Se foi assim, eu não me surpreenderia...

Marshall: Nós designamos nossos políticos mais talentosos para fazer esse trabalho. E, sim, eles o viam como inimigo, e conhecem todo tipo de estratégia diabólica para lidar com inimigos.

Participante Mulher: O senhor consideraria a hipótese de trazer Marshall Rosenberg para facilitar a comunicação com ele? Marshall é um comunicador excelente, e não vê as pessoas como inimigos. Ele tem uma longa lista de credenciais e de lugares onde teve êxito em facilitar a paz através da Comunicação Não Violenta.

Marshall: Sim, posso pensar sobre isso, posso considerar a ideia.

Participante Homem: Sr. Presidente, quando ouço que o senhor demoniza pessoas...

Marshall: Quem está demonizando pessoas? Segurança, por favor conduza esse homem para fora. Disseram-se me que esta discussão seria cordial, mas se vai ter esse tipo de retórica, tire esse homem da sala. [Sai do papel de presidente.]

Então, ok, acabou para você. O próximo. Jamais use qualquer tipo de linguagem, com qualquer pessoa, que sugira que o que ela está fazendo é errado. Quanto mais o comportamento o assustar, mais importante é que você não use palavras que sugiram que o que o outro está fazendo é errado; palavras como "demonizar".

TRADUZINDO IMAGENS DE INIMIGOS

Uma vez que você tenha conseguido acesso às pessoas-chave em uma organização, se você for a uma reunião com elas nutrindo a imagem de um inimigo – se você pensar que elas são más, perversas, que mantêm estruturas de dominação, ou seja lá o que for – você não conseguirá se conectar com elas. E, de certa forma, você se tornará parte do problema. Em nosso treinamento, mostramos a você como se preparar para esses encontros, traduzindo suas imagens de inimigo em uma conexão com seus próprios valores e necessidades, de modo que você consiga se comunicar diretamente a partir do coração sem pensar na outra pessoa como um inimigo.

Um dos principais atalhos que ensinamos é como se conectar com o que está vivo na outra pessoa, independentemente da forma como ela se comunica. Ou seja, como enxergar o que a outra pessoa está sentindo e precisando naquele momento, mesmo que ela escolha não se expressar de modo direto ou mesmo que ela esteja muito amedrontada para se expressar? Por exemplo, se uma pessoa diz "Eu não quero mais ter nada a ver com você", procuraremos ouvir a necessidade por trás da mensagem. Que necessidade uma pessoa está tentando atender quando diz "Eu não quero falar com você"?

Isso requer um pouco de adivinhação ou de astúcia. Eu poderia perguntar a ela: "Você se sente desconfortável com a ideia de discutir esses assuntos mais a fundo porque tem necessidade de se proteger das frustrações que tivemos até agora?". Se você estiver na pista certa, a pessoa talvez responda: "É isso mesmo. Você chegou aqui querendo fazer tudo do seu jeito. Você não parece interessado naquilo que eu tenho a dizer". Agora a pessoa está me explicando sobre como podemos nos conectar. Está dizendo que ela precisa de alguma garantia de que estou tão aberto ao seu ponto de vista quanto eu desejo que ela esteja aberta ao meu. Em outras palavras, quando usamos esse processo de ouvir o que está vivo na outra pessoa, ela não consegue *deixar de* se comunicar, pois estamos ouvindo cada mensagem dela (verbal ou não verbal) como uma expressão daquilo que está vivo nela. Percebemos suas necessidades e sentimentos, e quando fazemos isso não vemos inimigos, não vemos nenhuma resistência, e não escutamos crítica alguma. Vemos apenas um ser humano que tem as mesmas necessidades que nós. Podemos não gostar das estratégias que os outros utilizam para atender às suas necessidades – mas se nutrirmos uma imagem de inimigo de todas as pessoas com as quais lidamos, acredito que estaremos contribuindo para a violência no planeta.

Portanto, seja qual for a transformação social que eu tente promover, se ela vem de uma imagem de inimigo segundo a qual certas pessoas são erradas ou más, já posso saber que as minhas tentativas serão contraproducentes.

PRÁTICA, PRÁTICA, PRÁTICA

Sempre tenho um bloco de notas à mão, um que eu possa acessar rapidamente. Toda vez que me deparo com uma palavra, um olhar, ou um tom de voz que me faz imediatamente ver a imagem de um inimigo, eu anoto qual foi o estímulo. Então, quando tenho tempo, mais tarde, ofereço empatia a mim mesmo no tocante àquilo que aconteceu comigo naquele momento. O que aquele estímulo provocou dentro de mim? E tento dar a mim mesmo alguma empatia diante daqueles sentimentos que surgiram, daquilo que estava se passando na minha cabeça, e busco identificar a necessidade que estava por trás da minha reação. E então, depois de ter dado empatia a mim mesmo, eu volto àquela palavra, olhar ou tom de voz, e tento perceber o que a outra pessoa estava sentindo e precisando, mesmo depois do acontecido. Faço isso, mesmo que seja uma adivinhação, mesmo que a pessoa não esteja lá para eu verificar se meu palpite está certo.

Ou seja, isso significa que toda vez que eu piso na bola ganho uma oportunidade de praticar. Só depois de fazer isso centenas de vezes, sempre praticando, é que a percepção começa a vir com mais habitualidade – o hábito de pensar sobre os sentimentos e as necessidades. E você não precisa esperar que as situações aconteçam. Faça agora uma lista das palavras que são as mais difíceis para você escutar. Tente pensar em situações recentes em que você não conseguiu se conectar com os sentimentos e necessidades da pessoa que as proferiu. Faça uma lista daquilo que você realmente tem medo que as pessoas pensem de você. Aquelas coisas que você tem medo que as pessoas pensem que você é ou digam que você é – e então imagine um contexto em que alguém diz isso para você. Faça o exercício de tentar escutar o que ela pode estar sentindo ou precisando. Quanto mais você pratica, mais isso brota naturalmente no dia a dia, e quando você está na linha de fogo. E agora vamos continuar o nosso diálogo.

Participante Homem (tentando novamente): Quando vejo o nosso governo – e o senhor – falando sobre outros líderes mundiais como sendo menos que pessoas, ou...

Marshall: Pare. Pare. Se vai continuar fazendo acusações, então teremos que tirar você da sala do presidente.

Participante Homem: Como posso evitar isso?

Marshall: Fazendo uma citação direta. "Quando li no *New York Times* que você disse, ou eles citaram o que você disse... não que você tenha efetivamente dito, mas que eles citaram você como tendo dito..."

Participante Homem: O *New York Times* citou o senhor como tendo dito que ele é um louco e merece uma bala na cabeça. Eu sinto medo quando leio isso porque preciso trabalhar por um mundo em que todas as pessoas e todas as vidas sejam preciosas. O senhor poderia encontrar outras formas menos custosas de atender às suas necessidades?

Marshall (no papel de presidente): Bem, percebo que você tem boas intenções e bom coração, mas confesso que a sua ingenuidade é surpreendente. Se você acredita que um homem desse tipo reagirá a qualquer espécie de comunicação ou mensagem que não a violência, temo que esteja errado. Se você olhar para a história dele, verá que ele está preparado para utilizar qualquer tipo de violência que seja necessária para conseguir o que quer.

Participante Homem: Então, o senhor teme que não haja outra forma de lidar com ele a não ser a violência. O senhor acha que é um caso perdido?

Marshall: Nós tentamos outras opções. Tentamos bloqueio, tentamos negociação e ele se recusou firmemente a participar de qualquer plano de paz construtivo. Ele não cooperou com as inspeções.

Participante Homem: Então, o senhor acha que está em uma posição na qual não há nenhuma outra escolha?

Marshall: É isso mesmo.

Participante Homem: O senhor estaria disposto a considerar a possibilidade de que existem outras escolhas se adotarmos um ponto de vista diferente?

Marshall: Não sei se você está ciente de quantas pessoas – literalmente centenas – já exploraram outras opções ao longo dos últimos vinte anos. Centenas dos maiores especialistas do mundo estudaram isso por vinte anos. Não gostaria de enviar soldados americanos para a morte, mas se não agirmos, muito mais pessoas morrerão.

Participante Homem: Você estaria disposto a escutar qual é a minha visão acerca de uma possível solução?

Marshall: Sim.

Participante Homem: E se organizássemos um fórum aberto com representantes vindos das Nações Unidas e talvez do Iraque, do Departamento de Estado, pessoas diferentes, todas em um fórum onde os sentimentos e necessidades de todos pudessem ser abertamente manifestados para conseguirmos ter uma ideia mais clara sobre o motivo pelo qual as partes estão se comportando da forma como estão. O senhor estaria disposto a considerar isso como uma possibilidade?

Marshall: Já fizemos isso. Esse grupo que eu mencionei a você levou em consideração muitas sugestões como essas e todas foram rejeitadas pelo Sr. Saddam Hussein.

Participante Homem: Estou com vontade de devolver o microfone. Você tem alguma sugestão, Marshall, de como eu poderia me sair melhor?

Marshall (saindo do papel de presidente): Mais empatia com o sentimento dele de desesperança, por todas aquelas pessoas não terem voltado com nada que não fosse violência; sua irritação decorrente da forma como ele tem sido descrito pela esquerda, pelas forças progressistas dos Estados Unidos. Ele precisa de muita empatia, suponho, antes de conseguir escutar qualquer coisa que você venha a dizer. E acho que qualquer um de nós na posição dele sentiria o mesmo. Penso que ele não tem recebido muita empatia. Pode ter recebido aprovação por aquilo que pensa, mas não muita empatia por seus sentimentos e necessidades. Esse seria o meu palpite.

REUNIÕES PRODUTIVAS PARA A TRANSFORMAÇÃO SOCIAL

Além disso tudo, se quisermos que as reuniões sejam produtivas, precisamos nos manter informados sobre quem fez as solicitações que estão na pauta. Se a pessoa que estiver falando não deixar isso claro, ajude-a a esclarecer e manter o curso, ajude todos a entenderem o que está acontecendo. Se você não gosta do modo como a reunião está caminhando, peça permissão para mudar as coisas. E quando tiver terminado, diga "terminei". Se pudéssemos fazer essas coisas, nossas reuniões seriam muito mais produtivas.

Segundo a minha experiência, o problema das reuniões não são as pessoas que expressam suas emoções; é o fato de não deixarem claro o que querem. Elas podem, por conta de suas emoções, se envolver em longas discussões que nem sequer atenderão às suas necessidades. Olhando para essas situações, vemos que o mais doloroso é que aparentemente o trabalho não está sendo realizado, e nem temos certeza de quem são as pessoas cujas necessidades foram atendidas pela discussão. O problema não é as pessoas expressarem as suas emoções; é que elas acabam não dizendo de maneira clara o que querem do grupo. Portanto, suas necessidades não são atendidas e elas estimulam conversas que, apesar de se estenderem muito tempo, não satisfazem as necessidades de ninguém.

Então alguém mais gostaria de representar uma reunião com o líder de uma gangue?

REPRESENTANDO PAPÉIS: DIÁLOGO COM O "LÍDER DA GANGUE" Nº 2

Participante Mulher: Você é meu supervisor. Eu vou descrever isso em termos analíticos de modo que você entenda como representar o seu papel. Ele é muito dogmático sobre algumas de suas crenças. É muito autorreferente. De fato, é muito cheio de si, mas totalmente desconectado de seus próprios sentimentos e necessidades. Eu tento me conectar com os sentimentos e necessidades dele, mas como ele próprio não está consciente deles, não consigo me conectar com ele. Acho que ele pensa que deve se sentir de determinado modo, e portanto não consegue se apropriar do que realmente está sentindo, e essa é uma batalha. Então, será que você consegue representá-lo a partir dessa descrição?

Marshall: Bem, se eu não conseguir, você pode me avisar.

Participante Mulher: Combinado. Então Mark, eu gostaria de me sentar com você por alguns minutos. Tem uma coisa que eu quero pedir a você. Você estaria disposto a me dar dez minutos do seu tempo?

Marshall (no papel de supervisor): Estou aqui.

Participante Mulher: Ok. Quando eu me lembro da sua reação durante minha última apresentação, e quando percebo que sinto muito medo quando temos divergências de opinião, fico preocupada porque gostaria de me sentir segura e calma quando faço esse tipo de apresentação. Então, fico pensando, como seria para você permanecer no seu escritório enquanto eu faço minhas apresentações?

[O grupo ri e faz piadas.]

Marshall: Acho que, se você quer continuar a trabalhar neste ambiente, precisa desenvolver um nível de maturidade diferente daquele que está demonstrando.

Participante Mulher: Então você gostaria que as suas crenças recebessem alguma atenção e gostaria que seu sistema de crenças fosse apresentado ou compreendido?

Marshall (deixando o papel por um instante): Ok. Agora você estava lendo pensamentos. Disse que ele gostaria de alguma atenção para o seu sistema de crenças, mas, antes de você ter dito isso em voz alta, ele não falou dos sentimentos e necessidades dele.

Participante Mulher: Acho que ele está muito assustado e precisa se sentir seguro sobre o seu sistema de crenças.

Marshall: Ele precisa se sentir seguro de que aquilo que ele propõe não será rotulado, de que será escutado e de que seus sentimentos e necessidades serão compreendidos. Agora, quer você diga isso em voz alta ou não, eu não acho que você conseguiria se conectar com o que está no coração dele. Porque com esse tipo de pessoa é muito importante nunca escutar uma palavra sobre o que ela pensa. Nunca escute o que a outra pessoa racionaliza. Mas se essa outra pessoa só sabe viver no mundo dos pensamentos, ok. Siga-os após ter se conectado com as preocupações dela.

Participante Mulher: Com ele, eu acho melhor não repetir de volta seus sentimentos e necessidades porque isso já criou problemas no passado, e eu não me dou bem fazendo isso.

Marshall: Não é importante conseguir fazer isso em voz alta. É importante que isso esteja vivo em nosso coração, não em nossa cabeça.

Participante Mulher: Sim, entendo isso. Preciso me conectar com ele...

Marshall: O que você disse está bem. Eu só queria ter certeza de que você passou por aqui primeiro. [Marshall aponta para o seu coração e depois retoma a encenação.] Sabe, acho estranho que você, que fala tanto de certo tipo de comunicação, sobre respeitar as pessoas, parece achar que, se alguém não gosta do que você faz, essa pessoa está errada.

Participante Mulher: Parece que você valoriza muito o que você faz, Mark, e que gostaria que as outras pessoas valorizassem isso também.

Marshall: Eu realmente acho que, para termos uma organização do tipo que eu quero, é preciso que as pessoas que fazem parte dela tenham a cabeça aberta.

Participante Mulher: Você gostaria que todos tivessem a cabeça aberta?

Marshall: Sim.

Participante Mulher: Eu gostaria disso também, Mark. E é também por esse motivo que eu queria tanto apresentar essas ferramentas que têm sido tão valiosas para mim. Acredito que elas podem ajudar as pessoas a se conectarem umas com as outras de um modo que esteja em harmonia com a nossa missão institucional. Como você se sente quando eu digo isso?

Marshall: Não vejo como a nossa missão institucional possa ser otimizada com essa terminologia vaga e new age.

Participante Mulher: Então, você não tem certeza de que essas ferramentas que eu tenho para oferecer possam ser úteis para nós.

Marshall: É isso mesmo.

Participante Mulher: Você precisa que eu faça algo a respeito? Gostaria de alguma informação sobre essa ferramenta, sobre o motivo pelo qual eu acredito que possa ser útil e como tem sido útil na minha vida?

Marshall: Não creio que eu precise saber disso. Acho que já tive muita experiência de vida e sei como os vendedores ficam aficionados a seus produtos.

Participante Mulher: Bem, parece que eu ouvi você dizer que queria pessoas de cabeça aberta...

Marshall (sai do papel do supervisor): Ok, vamos parar por um momento.

Todos os esforços pela transformação social podem ser reduzidos a três palavras: pergunte, pergunte, pergunte. Para chegar a todos os seus objetivos, você precisa perguntar, perguntar, perguntar. E se não quer ser a única a fazer todas as perguntas, peça ajuda a alguém que também pergunte. Ou seja, você precisa pedir que outras pessoas apoiem você nesse esforço. Forme um grupo, uma equipe, que formulará todas as perguntas que são necessárias (segundo minha experiência) para que a transformação social aconteça. Às vezes é preciso pedir ajuda a pessoas que podem nos dar acesso àquelas outras que fornecerão a nutrição necessária ao sustento de nossos esforços. Que tipo de nutrição? Às vezes, o dinheiro ajuda a nos sustentar.

Isso significa que precisamos realmente ser muito bons na Comunicação Não Violenta. Haverá muitas perguntas. E muitas vezes estamos tratando com pessoas com quem não é muito fácil se comunicar. E outra questão é o tempo. Quanto tempo as pessoas estarão dispostas a nos dar? Ou seja, quando trabalhamos pela transformação social, é muito importante aprender a não usar palavras demais. A brevidade é essencial. Normalmente teremos um tempo muito limitado para realizar um trabalho imenso.

Os esforços pela transformação social envolvem fazer muitas perguntas, portanto precisamos ser bons nisso, em várias situações. Precisamos saber lidar com a "conversa de escritório" ou seja, a linguagem da burocracia, o discurso que diz "Não temos escolha", "Não há tempo", "É impossível", "Essa é a última coisa que eu faria neste mundo". Quando essa mensagem é transmitida através de uma simpática linguagem burocrática temos: "Não, eu simplesmente não posso". Isso é realmente uma provação para a nossa habilidade como praticantes de CNV. Especialmente ao lidarmos com burocratas sorridentes.

Você só precisa se preocupar com a rejeição se você acredita que isso existe. Não temos que nos preocupar com rejeição se usarmos as orelhas da CNV. Isso não existe. Quando usamos as orelhas da CNV, nunca escutamos um "não". Isso não existe. Você sabe que o "não" é uma forma trágica de expressar uma necessidade. E ao perceber isso, você escuta a necessidade por trás do não. Não existe uma coisa que se possa chamar de rejeição. Você escuta a necessidade que a outra pessoa tem e que a impede de dizer sim – e isso não é rejeição. A pessoa tem uma necessidade que está procurando atender.

Será que dois de vocês gostariam de representar uma reunião com a minha ajuda?

REPRESENTANDO PAPÉIS: DIÁLOGO COM O "LÍDER DA GANGUE" Nº 3

Participante Homem: Eu sou instrutor de CNV e gostaria de ter a oportunidade de trabalhar com alguns presos, e dar a eles um treinamento para que se comuniquem de maneira eficaz. Gostaria de representar uma reunião com o diretor da prisão.

Participante Mulher: Eu faço o papel do diretor.

Participante Homem: Bom dia. Obrigado pela reunião.

Participante Mulher: Bom dia.

Participante Homem: Eu sou instrutor de CNV e gostaria de ter a oportunidade de trabalhar com alguns presos, e dar a eles um treinamento para que aprendam a se comunicar de maneira eficaz...

Marshall: Isso vai diretamente ao pedido, a um desejo futuro. "Eu desejo dar um treinamento a algumas pessoas." Isso não é uma necessidade. Qual é a sua necessidade?

Participante Homem: Eu já dei alguns treinamentos...

Marshall: "Eu tenho uma necessidade." Vá para as suas necessidades. Não fale nada além de sentimentos, necessidades e pedidos: nosso tempo é limitado. Não fale nada além daquilo que está vivo em você e o que você quer. Deixe que eles perguntem se você tem algum treinamento nessa área. Deixe que eles perguntem sobre o que têm necessidade de ouvir. Apenas compartilhe suas necessidades, sentimentos e pedidos.

Participante Homem: Bom dia.

Participante Mulher: Bom dia.

Participante Homem: Eu tenho necessidade de dar um treinamento...

Marshall: Isso é um pedido. É uma estratégia. "Eu tenho necessidade de dar um treinamento." Qual é a necessidade? "Eu tenho necessidade de colaborar com os presos... Tem uma coisa que é muito valiosa para mim e imagino que poderá ser valiosa para eles. O que você gostaria de saber sobre isso para decidir se você quer ou não?"

Participante Homem: Eu tenho necessidade de contribuir com os presos em questões relacionadas à comunicação, as quais poderiam enriquecer a vida deles e a de todos os que estão aqui. Diga-me o que você gostaria de saber para que eu possa responder suas perguntas.

Participante Mulher: Sabe, muitas pessoas vêm aqui dizendo que gostariam de ajudar os presos. Devo dizer que a maior parte aparece uma vez ou duas e depois desiste porque a coisa aqui não é mole. Você realmente entende disso?

Participante Homem: Sim, eu já...

Marshall: Não, não. Nunca responda a uma pergunta antes de se conectar com o coração que está por trás dela.

Participante Homem: Então você se preocupa que as pessoas...

Marshall: Não. Vá dos sentimentos diretamente para as necessidades da outra pessoa. Nunca conecte os sentimentos a outras questões que estão fora dela. Portanto não diga: "Você se preocupa que eu, que as pessoas..." Ao invés disso, diga: "Você se preocupa e você precisa que..." Conecte-se com os sentimentos e imediatamente com as necessidades do outro.

Participante Homem: Você se preocupa que o presídio...

Marshall: "Você se preocupa, e você precisa estar segura de que não vai ter que lidar com um monte de gente que não sabe como as coisas funcionam aqui dentro. Você precisa se proteger daqueles que não conhecem as regras do jogo." Alguma coisa assim.

Participante Homem: Você se preocupa e precisa proteger a você mesma e ao presídio de pessoas que chegam e não têm ideia do que se passa aqui dentro?

Participante Mulher: Isso, exatamente.

Participante Homem: E então elas desistem depois de uma ou duas visitas?

Participante Mulher: Isso mesmo, porque não aguentam. Aqui é um mundo duro.

Participante Homem: Sim, entendo que é mesmo difícil. Eu...

Marshall: Não. Não entre nessa de "Sim, eu entendo e..." ou "mas". Se você estiver mesmo sentindo empatia, fique com a sua empatia. "É mesmo difícil", e ponto. Se não estiver sentindo empatia, volte-se para você mesmo, mas não use uma frase que soa falsa para introduzir uma expressão de empatia. "Sim, entendo que é muito difícil, mas..."

Participante Homem: Diga-me que tipo de...

Marshall: Volte para os seus sentimentos. "Fico satisfeito ao ouvir que essa é a sua preocupação. Isso atende a uma necessidade minha de ter clareza acerca das suas necessidades. Gostaria muito de garantir a você que eu não sou uma dessas pessoas que faz esse tipo de coisa. Então, você se sentiria confortável se eu já avisar quanto tempo esse trabalho vai durar, e dizer que estarei aqui durante todo esse período?"

Participante Homem: Fico satisfeito em saber qual é a sua preocupação e, bem, quero assegurar a você que enquanto...

Marshall: Você poderia inserir aí uma necessidade também. Não vá para o pedido assim tão rapidamente. "A minha necessidade de saber com clareza qual é a sua posição fica atendida, e eu tenho também uma necessidade de apoiar você e não agravar os seus problemas." Veja, isso são sentimentos e necessidades, depois você vai para os pedidos, então...

Outro participante Homem: Você está pedindo a ele que reitere suas necessidades?

Marshall: Não, estou dizendo que, se ele está verdadeira e sinceramente interessado na empatia, então precisa ficar com a outra pessoa, focar nela, deixar que ela continue, que fale mais. Não se diz: "Então você está realmente preocupada que as pessoas entrem aqui, mas eu..." Ele não deve mudar o foco da outra pessoa para si. Tem que ficar com a outra pessoa. E ele fez isso; agora está tentando expressar seus sentimentos e necessidades.

Participante Homem: Fico satisfeito por saber qual é a sua preocupação. Eu tenho necessidade de clareza acerca das suas necessidades para que possa melhor atendê-las. Vejo que ter aqui pessoas inexperientes vai ocupar muito do seu tempo. Ajudaria se eu dissesse quanto tempo acho que esse treinamento vai durar e garantisse a você que estarei aqui até o fim?

Participante Mulher: Sabe, eu realmente me sentiria mais segura se você se aproximasse, durante algum tempo, das pessoas que têm feito esse tipo de trabalho há mais tempo e visse como é realizado. Talvez você pudesse ajudar de vez em quando fazendo alguma coisa nas prisões, mas sem que eu tenha que supervisionar. Eu estou disposta a oferecer o material, você pode usar o meu nome, mas daí em diante, você segue por conta própria para fazer o que quer fazer. Tenho certeza que essa Comunicação Não Violenta pode ser útil nas prisões, e ficarei feliz em receber um relatório dizendo que você conseguiu fazer alguma coisa. Mas ter a minha supervisão é pedir demais, não tenho tempo. Então, vá em frente, faça o que tem que fazer. Aqui está o material, descubra como as coisas são.

Participante Homem: Você ficou decepcionada no passado com pessoas que vieram aqui oferecer trabalho voluntário?

Participante Mulher: Muito, demais. Está na moda atualmente fazer algum tipo de trabalho social em lugares difíceis como os presídios. Então, muitas pessoas gostariam de fazer alguma coisa e aí elas começam, mas não aguentam continuar porque é dureza.

Participante Homem: E você sente que as pessoas não têm ideia do que é ser...

Marshall: Vamos continuar com os sentimentos. Não se deixe emaranhar nos pensamentos da outra pessoa. Nunca escute o que ela está pensando. "E você sente que..." se refere ao que ela pensa. [Entra no papel por um momento.] Então, você quer se proteger desse fluxo de gente de modo que, se eu entendi bem, uma parte da sua necessidade estaria atendida se eu concordasse em passar algum tempo com o pessoal daqui para ter uma ideia de como é o trabalho. Eu entendi qual é a sua necessidade?

Participante Mulher: Sim.

Marshall (continuando no papel): E também ouvi que você tem uma segunda necessidade, que é a de não precisar estar envolvida uma vez que eu, digamos, tenha ganhado experiência. Você gostaria que outras pessoas tratassem da minha adaptação.

Participante Mulher: Em especial, eu gostaria que você também tomasse a iniciativa.

Marshall: Eu adoraria fazer isso. Então, eu gostaria de saber se, quando eu tiver adquirido a experiência necessária, você desejaria que, a partir daí, eu tratasse dos próximos passos com um de seus administradores?

Participante Mulher: Provavelmente sim.

Marshall: Essa era outra coisa que eu precisava saber. Então você quer duas coisas de mim. Que eu passe algum tempo com o pessoal do presídio, para poder realmente saber, antes de começar, se ainda me sinto preparado a seguir adiante. E então você gostaria que eu procurasse uma outra pessoa que possa me ajudar a integrar minha proposta ao programa?

Participante Mulher: Isso mesmo. Quando você tiver alguma coisa que parece ser realmente boa para este mundo das prisões, você volta aqui e, quando o fizer, converse com outra pessoa.

Marshall: Então só preciso saber quem seria essa outra pessoa com a qual eu poderia trabalhar, depois de eu estar convencido de que tenho algo para oferecer ao programa.

Marshall (deixando o papel): Portanto, nunca apresente um pedido para a outra pessoa sem ter entrado em profunda conexão com a necessidade que está por trás dele. Se você fizer um pedido sem que a outra pessoa escute qual é a necessidade que está por trás dele, o pedido irá soar como uma exigência.

Conclusão

E isto nos apresenta a quarta dimensão da transformação social, que eu chamo de autodesenvolvimento, e poderíamos começar por aí – como Buda e outros já sugeriram. Em essência, trata-se disto: antes de enfrentar as gangues e a história básica da sociedade temos que ter certeza de que nos libertamos daquilo que nos ensinaram, de que a nossa espiritualidade é aquela que nós mesmos escolhemos. Na minha visão esse é um passo muito importante: nos libertarmos. E para tanto é preciso ter certeza de que entrei em uma espiritualidade *transformativa* e não uma espiritualidade que seja translativa. Já vi algumas pessoas que escutaram as palavras de Buda e as interpretaram de uma forma que as conduziu a uma espiritualidade translativa, em que se tornam boas, calmas, certinhas, meditam e, apesar de o mundo continuar a ser como é, esperam que sua boa energia possa se irradiar. Acho que *esse* tipo de espiritualidade perpetua o problema. Portanto, realmente penso que precisamos começar conosco mesmos, com a nossa espiritualidade. Mas espero que saibamos a diferença entre a espiritualidade translativa e a transformativa. Isso é basicamente do que trata a Comunicação Não Violenta. Se você quer servir a vida, precisa criar sistemas que enriqueçam a vida. Para alcançar esse horizonte precisamos estar conscientes momento a momento. Precisamos ser tão inteligentes quanto as abelhas e os cães – conectados à vida.

Dada a enormidade da transformação social que nos desafia – transformação que todos gostaríamos de ver – posso adiantar que o que nos dará esperança e força para fazer a transformação acontecer é o aprendizado da celebração. É preciso cultivar a celebração nas nossas vidas e seguir a partir daí. Isso em primeiro lugar. Se não for assim, acabaremos sucumbindo diante da imensidão do desafio. Com espírito de celebração, acredito que teremos energia para fazer tudo o que for preciso, seja o que for, para que a transformação social aconteça.

LEITURAS RECOMENDADAS

- Gottlieb, Roger S. *A Spirituality of Resistance*. New York: Crossroad Publishing Company, 1999.
- Lerner, Michael. *Spirit Matters*. Newburyport, MA: Hampton Roads Publishing, 2000.
- Rokeach, Milton. *The Open and Closed Mind*. New York: Basic Books, 1960.
- Wink, Walter. *The Powers that Be*. New York: Doubleday, 1998.

APÊNDICE

OS QUATRO COMPONENTES DA CNV

Espressar, objetivamente, como **eu estou**, sem culpar ou criticar.

Receber, empaticamente, como **você está**, sem ouvir recriminações ou críticas.

OBSERVAÇÕES

1. O que eu observo (*vejo, ouço, lembro, imagino, livre de minhas avaliações*) que contribui, ou não, para o meu bem-estar:

"*Quando eu (vejo, ouço, ...) ...*"

1. O que você observa (*vê, ouve, lembra, imagina, livre de suas avaliações*) que contribui, ou não, para o seu bem-estar:

"*Quando você (vê, ouve, ...) ...*"

(*Coisas que recebemos empaticamente, mesmo que não tenha sido dito dessa forma.*)

SENTIMENTOS

2. Como eu me sinto (*emoção ou sensação em vez de pensamento*) em relação ao que observo:

"*Eu me sinto...*"

2. Como você se sente (*emoção ou sensação em vez de pensamento*) em relação ao que você observa:

"*Você se sente...*"

NECESSIDADES

3. Do que eu preciso ou o que é importante para mim (*em vez de uma preferência ou de uma ação específica*) – a causa dos meus sentimentos:

"*... porque eu preciso de / porque é importante para mim...*"

3. Do que você precisa ou o que é importante para você (*em vez de uma preferência ou de uma ação específica*) – a causa dos seus sentimentos:

"*... porque você precisa de / porque é importante para você...*"

Faço um pedido claro, sem exigir, de algo que enriqueceria **minha** vida.

Recebo empaticamente o seu pedido de algo que enriqueceria **sua** vida, sem ouvir como uma exigência.

PEDIDOS

4. As ações concretas que eu gostaria que ocorressem:

"*Você estaria disposto/a...?*"

4. As ações concretas que você gostaria que ocorressem:

"*Você gostaria de...?*"
(*Coisas que recebemos empaticamente, mesmo que não tenha sido dito dessa forma.*)

OUVIR   FALAR

LISTA DE ALGUNS SENTIMENTOS UNIVERSAIS

Sentimentos quando as necessidades estão atendidas:

- admirado
- agradecido
- aliviado
- animado
- comovido
- confiante
- confortável
- curioso
- emocionado
- esperançoso
- feliz
- inspirado
- motivado
- orgulhoso
- otimista
- realizado
- revigorado
- satisfeito
- seguro
- surpreso

Sentimentos quando as necessidades não estão atendidas:

- aborrecido
- aflito
- assoberbado
- confuso
- constrangido
- desanimado
- decepcionado
- desconfortável
- frustrado
- impaciente
- impotente
- intrigado
- irritado
- nervoso
- preocupado
- relutante
- sem esperança
- solitário
- triste
- zangado

LISTA DE ALGUMAS NECESSIDADES UNIVERSAIS

Autonomia
- escolher sonhos/propósitos/valores
- escolher planos para realizar os próprios sonhos, propósitos, valores

Bem-estar físico
- abrigo
- água
- ar
- comida
- descanso
- expressão sexual
- movimento, exercício
- proteção contra ameaças à vida: vírus, bactérias, insetos, animais predadores
- toque

Celebração
- celebrar a criação da vida e os sonhos realizados
- lamentar perdas: de entes queridos, sonhos etc. (luto)

Comunhão espiritual
- beleza
- harmonia
- inspiração
- ordem
- paz

Integridade
- autenticidade
- criatividade
- sentido
- valor próprio

Interdependência
- aceitação
- acolhimento
- amor
- apoio
- apreciação
- compreensão
- comunidade
- confiança
- consideração
- contribuição para o enriquecimento da vida
- empatia
- honestidade (a honestidade que nos permite tirar um aprendizado de nossas limitações)
- proximidade
- respeito
- segurança emocional

Lazer
- diversão
- riso

©CNVC. Para saber mais, visite www.cnvc.org.

Sobre a Comunicação Não Violenta

Do dormitório às altas esferas de decisão empresarial, da sala de aula à zona de guerra, a CNV está mudando vidas todos os dias. Ela oferece um método eficaz e de fácil compreensão que consegue chegar nas raízes da violência e do sofrimento de um modo pacífico. Ao examinar as necessidades não atendidas por trás do que fazemos e dizemos, a CNV ajuda a reduzir hostilidades, curar a dor e fortalecer relacionamentos profissionais e pessoais. A CNV está sendo ensinada em empresas, escolas, prisões e centros de mediação no mundo todo. E está provocando mudanças culturais pois instituições, corporações e governos estão integrando a consciência própria da CNV às suas estruturas e abordagens de liderança.

A maioria tem fome de habilidades que melhorem a qualidade dos relacionamentos, aprofundem o sentido de empoderamento pessoal, ou mesmo contribuam para uma comunicação mais eficaz. É lamentável que tenhamos sido educados desde o nascimento para competir, julgar, exigir e diagnosticar – pensar e comunicar-se em termos do que está "certo" e "errado" nas pessoas. Na melhor das hipóteses, as formas habituais de falar atrapalham a comunicação e criam mal-entendidos e frustração. Pior, podem gerar raiva e dor, e levar à violência. Inadvertidamente, mesmo as pessoas com as melhores intenções acabam gerando conflitos desnecessários.

A CNV nos ajuda a perceber além da superfície e descobrir o que está vivo e é vital em nós, e como todas as nossas ações se baseiam em necessidades humanas que estamos tentando satisfazer. Aprendemos a desenvolver um vocabulário de sentimentos e necessidades que nos ajuda a expressar com mais clareza o que está acontecendo dentro de nós em qualquer momento. Ao compreender e reconhecer nossas necessidades, desenvolvemos uma base partilhada que permite relacionamentos muito mais satisfatórios.

Junte-se aos milhares de pessoas do mundo todo que aprimoraram seus relacionamentos e suas vidas por meio desse processo simples, porém revolucionário.

Sobre o Center for Nonviolent Communication

O Center for Nonviolent Communication (CNVC) é uma organização global que apoia o aprendizado e a partilha da Comunicação Não Violenta, e ajuda as pessoas a resolver conflitos de modo pacífico e eficaz no contexto individual, organizacional e político.

O CNVC é guardião da integridade do processo de CNV e um ponto de convergência para informação e recursos relacionados à CNV, inclusive treinamento, resolução de conflitos, projetos e serviços de consultoria organizacional. Sua missão é contribuir para relações humanas mais sustentáveis, compassivas e que apoiem a vida no âmbito da mudança pessoal, dos relacionamentos interpessoais e dos sistemas e estruturas sociais, tal como nos negócios, na economia, na educação, justiça, sistema de saúde e manutenção da paz. O trabalho de CNV está sendo realizado em 65 países e crescendo, tocando a vida de centenas de milhares de pessoas por todo o mundo.

Visite o site **www.cnvc.org** onde poderá saber mais sobre as atividades principais da organização:

- Programa de Certificação
- Treinamentos Intensivos Internacionais
- Promover Formação em CNV
- Patrocínio de projetos de mudança social através da CNV

- Criação ou ajuda na criação de materiais pedagógicos para ensinar CNV
- Distribuição e venda de materiais pedagógicos de CNV
- Promover ligações entre o público em geral e a comunidade de CNV

The Center for Nonviolent Communication
9301 Indian School Rd NE, Suite 204. Albuquerque, NM 87112-2861
USA. Tel: 1 (505) 244-4041 | Fax: 1 (505) 247-0414

Sobre o autor

Marshall B. Rosenberg, Ph.D., fundou e foi diretor de serviços educacionais do Center for Nonviolent Communication – CNVC, uma organização internacional de construção de paz. Além deste livro, é autor do clássico *Comunicação Não Violenta* e de muitas obras sobre este tema. Marshall foi agraciado com o Bridge of Peace Award da Global Village Foundation em 2006, e com o prêmio Light of God Expressing Award da Association of Unity Churches International no mesmo ano.

Tendo crescido num bairro violento de Detroit, Marshall interessou-se vivamente por novas formas de comunicação que pudessem oferecer alternativas pacíficas às agressões que ele presenciou. Esse interesse motivou seus estudos até o doutorado em Psicologia Clínica da University of Wisconsin em 1961, onde foi aluno de Carl Rogers. Estudos e vivências posteriores no campo da religião comparada o motivaram a desenvolver o processo de Comunicação Não Violenta.

Marshall aplicou o processo de CNV pela primeira vez em um projeto federal de integração escolar durante os anos 1960 com a finalidade de oferecer mediação e treinamento em habilidades de comunicação. Em 1984 fundou o CNVC, que hoje conta com mais de 200 professores de CNV afiliados, em 35 países do mundo inteiro.

Com violão e fantoches nas mãos, e um histórico de viagens a alguns dos lugares mais violentos do planeta, dotado de grande energia espiritual, Marshall nos mostrou como criar um mundo mais pacífico e satisfatório.